近世紀州文化史雑考

寺西貞弘◉著

雄山閣

はじめに

本書の書名は『近世紀州文化史雑考』である。新村出博士の『広辞苑』によると、「雑考」とは「系統だっていない考察や考証」と記されている。本書に収めた論文は、第一章「紀州の殿様の周辺」に四編、第二章「紀州の国学」に四編、第三章「紀州のやきもの」に四編、第四章「近世の終焉　そしてその後」として、幕末に関わるもの二編とその後の近代史に関わるトピックス的な論文二編を収めた。

第四章の近代史に関わる二編を除けば、立派な近世紀州文化史に関わる論文集のように見えるだろう。しかし、この論文集の著者である私は、近世紀州文化史などを真正面から取り扱っていると胸を張れるような研究者だろうか。私自身がそのように思っていることも真実である。そんな私が、本書を世に問う暴挙に出たわけである。そこで、本書の成り立ちをてみじかに述べておきたい。

私は、歴史博物館である和歌山市立博物館に、学芸員として奉職して今日に至っている。学芸員は「雑芸員」とも「なんでもや」とも揶揄される職種である。およそ歴史博物館に展示されると思われるいかなる資料をも扱うことになる。すなわち、非常に広範な見識が求められるのである。その割には、全国的に見ても何でもやれる便利な存在である「なんでもや」たる学芸員の待遇は、それほど良いものではないことも確かである。ところが、悲しいかな私は学生時代から、日本古代史を専攻してきた。その私が「なんでもや」といわれる学芸員になってしまったのである。

特に地方都市の歴史博物館は近世史に属する分野の資料を扱うことが多い。そこで、学芸員となってしまった私は、職場で殿様の手紙や近世陶器や、近世絵画をも扱わなくてはならないことになってしまったのである。この場合、学生時代から専攻していた日本古代史が本業で、職務上やっている近世史が余技なのか、それとも月給をもらって研究している近世史が本業で、好きで続けている日本古代史が余技なのか、という素朴な疑問が生じることになる。実のところそれは本人にもわからない。

このようにして、学生時代から続けてきた日本古代史以外の、中世史・近世史・近代史の論文を、あろうことか数十編これまでに発表してきてしまった。しかし、それは職場での必要性から執筆したもので、全体的な研究体系があって執筆したものではない。したがって、その場その場の必要性から、一編一編の論文を執筆したのである。それゆえ、総体的にみて新村出博士から「系統だっていない考察や考証」だと指弾されても致し方はないだろうと覚悟はしている。ただ、一つの一つの論文は、その都度テーマを真正面からとらえて、真摯に執筆したと思っている。

そして、このようにして執筆した数十編の論文の中から、近世紀州文化史に関わるもの十六編を集めて本書を構成したのである。どの論文にも、その都度職場で直面した課題を取り扱っており、どれを読み返してみても当時の思い出が込められている。いま読み返すと懐かしい思い出がよみがえってくる。そのような私の感慨を度外視して、本書で述べた私の論旨が、本当に近世紀州文化史に役立つものであるかどうかを、皆様方に検証していただきたいとの思いから、本書の出版に踏み切った次第である。

第一章に収めた論文は、藩主の手紙に関するもの三編と、江戸と和歌山の往来に関するもの一編を収めた。前者三編はいずれも和歌山市立博物館の所蔵資料や個人所蔵の寄託資料である。各手紙を翻刻し、発給年代を推定し、その歴史的背景を考察したものである。六国史や正倉院文書などの活字史料で研究を続けてきた私にとっては、実物の古文書資料を翻刻することに若干の苦痛を伴ったことはたしかである。しかしその一方で、新鮮な感動を覚えたこともたしかにあった。後者一編は、紀州徳川家の江戸と紀州の往来について、書状で質問を受けた際の回答文を基に執筆したものである。

日本古代史を専攻してきた私は、就職後数年で「なんでもや」になってしまった。それでも、何か古代史の匂いのするテーマはないだろうかと目を凝らしてみると、大著『古事記伝』を著した本居宣長が、紀州藩に召抱えられていることに気付いた。このことから、本居国学に親しみを感じ、二〇〇二年には自らが特別展「本居宣長と和歌山の人々」を担当した。第二章に収めた四編の論文は、このような興味から執筆したものである。

江戸後期の和歌山では、それまで作陶の伝統がなかったにもかかわらず、様々な陶器・陶磁器が誕生した。まったくの民窯として開窯された瑞芝焼、紀州の殿様の趣味として開催された御庭焼、藩窯として開窯された南紀男山焼などが主なものである。とくに御庭焼には、十代藩主徳川治宝の開催した偕楽園御庭焼、その養子で十一代藩主斉順の開催した清寧軒御庭焼があった。これらを扱った論文四編を第三章に収めた。ただ、偕楽園御庭焼に関するまとまった論文を本書に収めることはできなかった。目下のところ、二〇〇一年に私が担当した展覧会「和歌山の焼きもの」で発行した図録に掲載したものが、そのことにふれたものであり、今後の課題としておきたい。

和歌山市立博物館には、開館以来近代史を専門とする全国的にも著名な学芸員が在籍していた。しかし、博物館とは何ら関係のない事情で、一方的に他の部署に異動になってしまった。以後、近代史関係のレファレンスは、残された学芸員で分担することになり、そのような経緯で執筆した論文を第四章に収めた。第一節の岩瀬広隆の絵画については、館蔵資料購入に際して作成した資料調書を基にしている。博物館が市民の税金を使って資料を購入する際に、学芸員がどれほど細心の注意を払って、資料と向き合っているかがわかっていただけると思う。他の三編はどれも市民からの問合せに応えた際の調査結果を纏めたものである。とはいえ、和歌山ラーメンに関する第三節、山本元帥遺家族の和歌山疎開に関する第四節は、本書の近世紀州文化史という書名にはそぐわないかも知れない。しかし、市民からの質問を受け、それに真摯に回答した学芸員のあり方を知って頂くためにも、あえて本書に収めた次第である。このようなわがままも、「雑考」という概念からすればお許し願えるのではないかと密かに思う次第である。

思えば、近世紀州には独特の学問風土があった。幕府は儒学の中でも朱子学を官学として推奨した。しかし、御三家の紀州藩では朱子学一辺倒ではなく、柔軟な折衷学派が大いに受け入れられた。俳句にしても美濃派の文台を譲られた松尾塊亭が洒脱な俳句を詠み続け、全国的にも一世を風靡した。自然科学では畔田翠山が世界的に見ても当時では最も精緻な水産百科事典『水族志』を完成させており、那賀郡の在村医華岡青洲は世界初の麻酔手術に成功し、医学を志す全国の学究は、紀州を目指して群れをなした。また、本居宣長は古典の中に日本固有のアイデンティティーを追い求め、国学を大成させた。

日本古代史を専攻する私が、和歌山に奉職して古代史の匂いを探し求めて、本居国学に行き当たったことはすでに述べた。私が和歌山に来た頃には、そのことを探し求めなくてはならないほど、本居宣長が紀州藩士であったことは周知されてはいなかった。松尾塊亭・畔田翠山・華岡青洲についても、和歌山の人々はどれほどまでに親しく思い、どこまで知っているのだろうか。

そのような思いから、これらの先人を市民に知っていただこうと、私をはじめ学芸員は奮起した。ここに取り上げた人々は、私が在職中に私と私の同僚である学芸員たちが、特別展のテーマとして紹介した人々である。このことによって私と私の仲間たちは、地域博物館としての責任の一端は果たせたとも思っている。加えて、本書が、近世の紀州を理解することに何らかの役に立つとするならば望外の慶びである。

日本古代史を専攻してきた一人の学芸員が、専門外の資料を職務上取り扱うことの不安は、研究の本質を知っているからこそ、計り知れないものである。それをあえて職務上行わなくてはならない運命を、私だけでなく全国の多くの学芸員が背負っているのである。

人は言うかもしれない、「きれいなガラスケースの中にきれいな資料を並べて、それで月給がもらえるなんて、良い仕事だね」と。しかし、資料をケースに展示するまでに、その資料と取り組んできた学芸員の苦悩に思いを致す人は少ないだろう。学芸員の調査研究は、自分の専門を超えたところへ、いやがうえにも一歩足を踏み出さざるを得ない葛藤を抱えて日々おこなわれているのである。本書が、そのような全国の学芸員の実相を多くの人々に知っていただく一助となれば幸いである。

■近世紀州文化史雑考 目次■

第一章　紀州の殿様の周辺

第一節　徳川光貞と徳川治宝の手紙

はじめに

紀州徳川家は、御三家としての高い権威を有しており、その動向は江戸時代の庶民の耳目を集めずにはいなかった。[1]しかし、その頂点に立つ藩主の日常生活は、必ずしも詳細に検討され尽くしたとは言い難い。もちろん、『南紀徳川史』や『徳川実紀』などの後代の基本文献によって、かなり克明な検討を施した研究も見られる。[2]しかし、これまで、藩主が発給した書状を総合的に検討して、その成果によって藩主の日常生活の実態に迫ろうとした研究は、管見に入るところ極めて少ないように思われる。[3]その最大の要因は、江戸時代に発給された紀州藩主の膨大であろう書状の所在確認さえも困難であるという現実に起因しているといえるだろう。

また、書状の常であるが、所在が確認されても、発給年が記されていないことも、大きな要因であろう。書状内容を検討し、その発給年を特定しない限り、その書状が、どの時点での藩主の動向を語っているのかを知ることができないのである。

このような観点から、和歌山市立博物館では藩主の書状を蒐集し、その分析に努めてきた。ここに紹介する二通の書状は、二代藩主光貞《みつさだ》と十代藩主治宝《はるとみ》の書状である。これらの二通の書状の現状を紹介し、その背景に潜む歴史的背景に言及しようとするものである。

一　徳川光貞書状　尾張大納言宛

1　資料の概要

本資料は、紀州徳川家二代藩主光貞が、同じく御三家である尾張徳川家当主に宛てた書状である。現状は、巻子仕立てで軸幅三〇・四cm、外装幅二五・〇cm、本紙幅二〇・七cm、本紙全長一〇四・二cmである。本紙は二紙からなっており、紙継目〇・二cmをとって、第一紙の長さは四九・二cm、第二紙の長さは五五・二cmである。これらのことから、本資料の原形は一紙折紙で、第一紙の冒頭に若干の空があったものを、軸装に際して破としたものと思われる。

本資料は、岐阜県関市の後藤盛衛氏が、篤志によって和歌山市立博物館にご寄贈くださったものである。後藤氏は、長年造園業を営んでこられたが、岐阜県内の元本陣屋敷宅で仕事中の大正七～八年（一九一八～一九）頃に本資料を贈与されたとのことである。[4]本資料の発給関係からみて、本陣屋敷に伝世するにふさわしいものと考えられよう。

2　資料の翻刻

本資料の書面内容を、以下逐条ごとに翻刻したい。なお、厳密を期すために写真版を掲載しておきたい。その際、旧字を新字に改めたほか、読点は筆者が加えた。その後改めて本資料の歴史的背景に触れると共に、その特長にも言及したい。

一筆令啓達候、
公方様益御安全
被成御座、目出度
御事候、然者内々
就奉願候、昨廿二日
於　御座之間

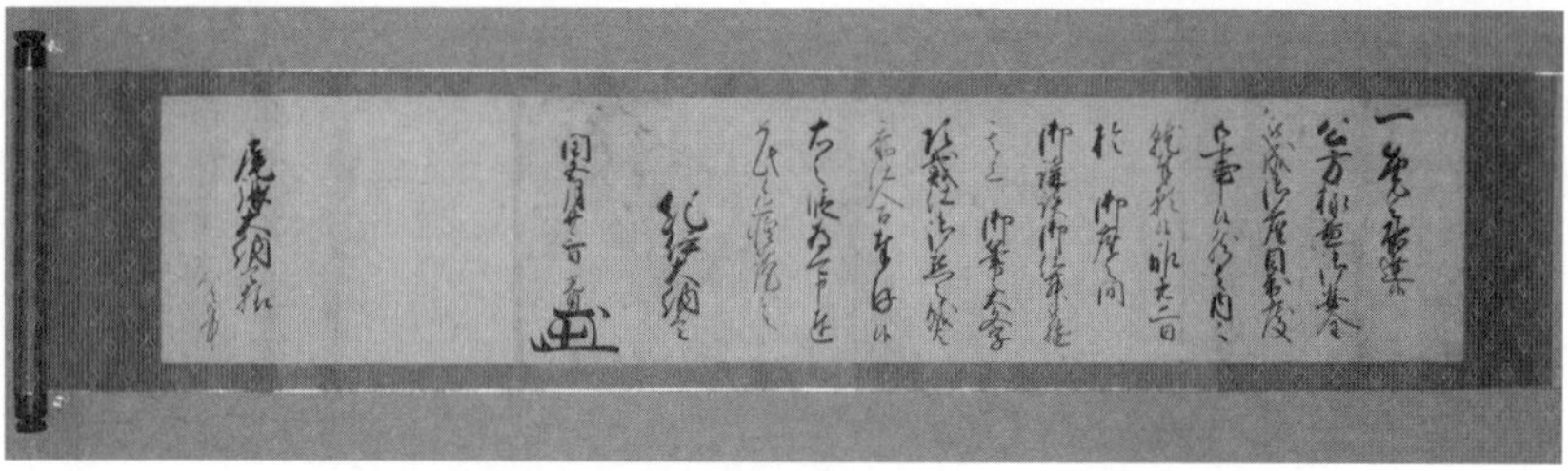

徳川光貞書状　尾張大納言宛（和歌山市立博物館所蔵）

御講談、御仕舞被遊、
其上　御筆之大文字
頂戴仕、御懇之儀共
忝仕合奉存候、
右之段為可申達
如此候、恐惶謹言
　　紀伊大納言
閏五月廿三日　光貞（花押）
尾張大納言様　人々御中

3　資料の内容

本書状の発給者「紀伊大納言光貞」は、紀州徳川家二代藩主である。彼は寛永三年（一六二六）に誕生し、その父で初代藩主頼宣《よりのぶ》が、寛文七年（一六六七）に病を得て隠居した跡を受けて、二代藩主を襲職している。[5] その後、元禄三年（一六九〇）に権大納言に任官している。なお、その没年は宝永二年（一七〇五）で、享年は八十であった。

光貞の官職名が大納言となっていることから、本書状は彼が権大納言に任官した元禄三年以後の発給であり、彼の死没する宝永二年以前の十七年間のものであることがわかる。また、本書状は「閏五月廿三日」の日付を有している。この十七年間で、五月が閏月になる年は、元禄七年をおいて他にはない。以上のことから、本書状は、元禄七年閏五月二十二日に発給されたものであることがわかる。ちなみに、光貞が六十九歳のときの書状である。この後、彼は元禄十一年に隠居するが、当時は現役の藩主であった。

次に本書状の受取人である尾張大納言についてみてみよう。常識的には元禄七年当時の尾張徳川家藩主と理解するのが普通であろう。この年の尾張徳川家藩主は、前年に襲職した三代藩主綱誠《つななり》である。しかし、彼はこの年四十三歳であったが、その官職は中納言であった。したがって本書状は、綱誠に宛てられたものではないことになる。このことから、尾張大納言とは、前年に隠居して、なおも健在であった綱誠の実父である大納言の光友《みつとも》であったということになるだろう。光友は、光貞よりも一歳年長でこの年七十歳であった。また、本書状二行目の公方様は、五代将軍綱吉《つなよし》である。ちなみに、彼はこの年四十九歳であった。

なお、本書状には登場しないが、御三家のもう一家である水戸徳川家の藩主は、この当時三代藩主徳川綱条《つなえだ》で、このとき四十歳であった。ちなみに、徳川光圀《みつくに》は、光友よりも早く元禄三年に隠居しており、彼は元禄七年当時六十七歳であった。以上、本書状発給時点での将軍家・御三家の当主たちの年齢関係を概観したが、尾張の光友・水戸の光圀の隠居後、光貞が御三家藩主及び将軍家の中では最年長者に位置していた時点での書状であることになるだろう。

本書状の大意は、元禄七年閏五月二十二日に光貞が将軍に対して内々の願い事をするため、江戸城御座之間で綱吉に拝謁したところ、綱吉は至極健康で、懇切なもてなしを受けた上、将軍自筆の大書を拝領したことを尾張光友に報告したものである。なお、光貞が将軍に行ったとされる内々の願い事の内容は不明である。

ところで、光貞はこの年の三月に、参勤交代で江戸に上がり、四月二十六日に常府の水戸徳川家をはじめとして、御三家・親藩が一堂に召し出され、江戸城内で将軍から論語の講釈を受けるなどの接待を受けている(6)。その二ヶ月後に光貞が、将軍に単独で拝謁し、しかも願い事をしたにもかかわらず、懇切なもてなしを受けただけでなく、自筆の書までも拝領したことを、得意になって自慢しているのである。なお、この元禄七年閏五月二十二日の光貞の将軍拝謁のことは、『徳川実紀』元禄七年同日条にも記述が見える。それによると、次のように記されている。

廿二日、紀伊大納言光貞卿、甲府中納言綱豊卿并松平加賀守綱紀めされ、(中略)両卿には御筆の大字をたまふ

この記述によると、本書状には「内々就奉願候」とあり、光貞の発意で将軍に単独で拝謁したように記しているが、

将軍綱吉の召しに応じたことになるだろう。また、拝謁の場所には、後に綱吉の養子となり、六代将軍家宣《いえのぶ》となる甲府宰相綱豊《つなとよ》と加賀前田家四代藩主前田綱紀《つなのり》が同席しており、(7)「内々就奉願候」というようなことはありえなかったとしなくてはならないだろう。

以上のことから、本書状の文面には、光貞による必要以上の誇張が含まれているといわざるを得ないだろう。その背景には、御三家尾張・水戸の二家を抜いて、紀州家が召されたことへの自慢の様が反映しているのであろう。光貞がこのように自慢したかったのは、当時綱豊はすでに将軍後継者と目されていたことに加え、外様筆頭の加賀前田家当主と自分が列座したことによるものだろう。即ち、光貞が将軍綱吉から親藩筆頭の扱いを受けたことへの喜びがあったものと思われる。しかも、三人が召しだされて綱豊と彼にだけ拝領物があったのである。この点でも、光貞はやはり御三家の中でも、他の二家に抜きん出て将軍に近い存在であったことが証明されたのである。彼が、この時点で、将軍からこのような待遇を受けたのは、先に見たように年齢的に徳川一門の当主の中で、長老であることから、筆頭の立場として扱われたからであろう。

4　本資料の特徴

本書状は、これまで述べてきたように、将軍家・御三家をはじめとする徳川一門の親交の深さを語るとともに、紀州徳川家二代藩主光貞が、その中でも筆頭的な立場にあったことを示す資料である。また、近世初期の紀州徳川家の実像を知るうえで格好の資料であるといえるだろう。また、紀州光貞の尾張徳川家における交信の相手が当代の尾張家当主ではなく、すでに隠居した自分と同世代の光友であったことも、徳川家康から数えて第三世代の交流を見る上で興味深い事実であろう。

なお、本書状は、他の御三家を出し抜いて将軍に召されたことを尾張徳川家に自慢しているのである。このように理解したとき、同様の書状が、水戸徳川光圀にも発せられた可能性が考えられるだろう。

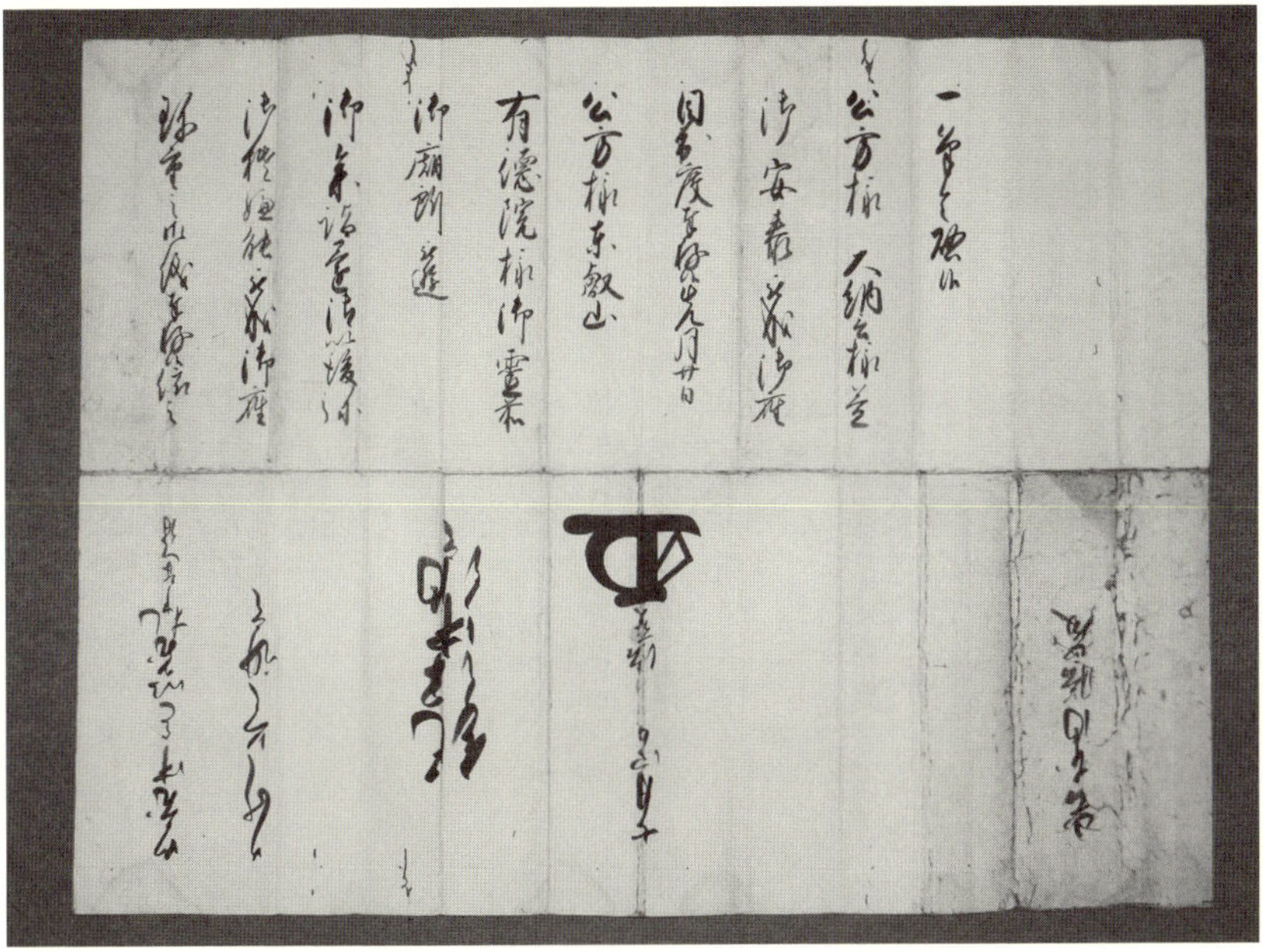

徳川治宝書状　岩本内膳正宛（和歌山市立博物館所蔵）

二　徳川治宝書状　岩本内膳正宛

1　資料の概要

本資料は、紀州徳川家十代藩主徳川治宝が、幕臣岩本内膳正に宛てた書状である。形状は、一紙折紙未表装で、資料としての原形をよくとどめている。法量は横五六・〇cm、縦四二・七cmである。

2　資料の翻刻

本資料の書面内容を以下行替えにしたがって翻刻しておこう。なお、翻刻の厳密を期すため写真版を添えた。また、翻刻に際しては、旧字を新字に改めたほか、読点は筆者が加えた。

一筆令啓候、
公方様・大納言様益
御安泰被成御座
目出度奉存候、先月廿日
公方様東叡山
有徳院様御霊前
御廟所被遊
御参詣還御、以後弥

御機嫌能被成御座、
珍重之御儀奉存候、依之
御老中迄以飛札申達候付
如此候、恐々謹言
紀伊中納言
七月四日　　治宝（花押）
岩本内膳正殿

3　資料の内容

本書状の発給者である徳川治宝は、寛政元年（一七八九）に死没した九代藩主徳川治貞《はるさだ》の後を受けて十代藩主となった。その後、寛政三年七月一日に中納言に任官している。(8) さらに、彼は文化十三年（一八一六）五月一日に大納言に進んでいる。本書状は彼の肩書きが中納言になっているから、寛政三年以後文化十三年以前のものであることがわかる。

一方、受取人の岩本内膳正は、寛延三年（一七五〇）十二月十八日に内膳正に任官した岩本正利に当たるだろう。(9) 岩本家は、本来紀州徳川家の家臣であったが、紀州徳川家五代藩主徳川吉宗が、八代将軍職を継ぐにいたって江戸に随身し、幕臣となった家柄である。正利は、元文二年（一七三七）に十四歳で初出仕している。その後の彼の事跡は、寛政十年十一月二十一日に将軍家斉《いえなり》の子敦之助君に白髪を献上したのが最後で、このとき彼は七十五歳の高齢であった。一方『徳川実紀』によると、この前年の寛政九年四月十五日に、家斉の子で後に十三代将軍となる家慶《いえよし》の御側になっている。さらに享和三年（一八〇三）十二月二十一日には高年を理由に宿直と郭外供奉を免除されている。また文化三年（一八〇六）十一月三日には、正利の子を含め七人が父の死を理由に家を継いだことが見える。すなわち、この日までに正利は死没していたことになる。よって、本書状は寛政三年以後文化三年の間に作成されたものであることがわかる。

以上のように時代を限定するならば、本書状二行目の公方様は十一代将軍家斉を指していることになる。また、本書状六行目の有徳院様は、紀州徳川家五代藩主で八代将軍となった徳川吉宗の院号である。彼は寛延四年に六十八歳で死没している。さらに本書状五行目の東叡山は、上野寛永寺の山号である。すなわち、本書状で将軍家斉が御参詣したとあるのは、徳川吉宗の忌日に将軍が参詣したことを意味しているのである。

以上のことから、本書状の内容は、将軍家斉が六月二十日の八代将軍吉宗の法事のために上野寛永寺の墓所への参詣を期として、ご機嫌伺いを申達したものといえるだろう。なお、本書状二行目に見える大納言様は、この前後の『徳川実紀』の用例から、後の十二代将軍となる家慶であろう。彼は寛政九年三月一日に四歳で大納言に任官している。すなわち彼の大納言任官の年を勘案すると、先に想定した本資料の制作年を、寛政九年以後文化三年までの十年間に限定することができる。

ところで、上述の十年間、将軍家斉は、吉宗の忌日にはほとんど自ら参詣している。しかし、寛政十年には戸田正氏を代参させている。また、文化三年にも牧野忠精を代参させている。[10] 書状の内容から判断して、将軍自らが参詣していないこの二年は、本資料の制作年から除外してよいだろう。すなわち、寛政九年から文化二年までの九年のうち、寛政十年を除いた八年間ということになるだろう。

4　本資料の特徴

本資料は、一紙折紙の原形をよくとどめており、その制作年も上述のようにかなり限定することができる。また、将軍へのご機嫌伺いが、旧紀州徳川家家臣を通じてなされていることは、今後このような例が一般的なものであるかを注意深く観察する必要があるだろう。これらの諸点から、博物館資料として高い価値を有しているといえるだろう。また、本資料が、紀州徳川家十代藩主の書状というばかりではなく、その内容が紀州徳川家ゆかりの八代将軍吉宗の忌日に関わるものであり、館蔵資料としてふさわしいものであろう。

むすびにかえて

小稿では、徳川光貞と徳川治宝の二通の手紙について言及した。しかし、これによって、はじめに述べたような紀州徳川家藩主の日常がどれほど復元できたかについては、甚だ疑問である。今後、さらにこのような藩主の書状を蒐集することが必要であると痛感している。また、そのほかに種々の問題もあろうが、これらについては今後の課題としたい。

注

（1）拙稿「まぼろしの紀州手まり」（『和歌山市史研究』十八号、一九九〇）において、紀州に縁のない西条八十が童謡「まりと殿様」の題材に、紀州徳川家の参勤交代行列を設定したのは、江戸時代においてその行列が群を抜いて壮麗であったからだろうと考察した。

（2）管見に入るところ『和歌山市史』第二巻（和歌山市、一九八九）が、これまでの研究成果をよくまとめていると思われる。

（3）拙稿「徳川頼宣書状　中根壱岐守宛」（『和歌山市立博物館研究紀要』八号、一九九四、本章第二節）がある。

（4）元所蔵者後藤盛衛氏からのご教示による。

（5）徳川光貞の経歴については、『南紀徳川史』第一冊所収の「清渓公伝」による。

（6）『南紀徳川史』同日条および『徳川実紀』同日条による。

（7）『徳川実紀』は、「松平加賀守綱紀」と記しているが、これは慶長十年（一六〇五）に前田年常が徳川将軍家から松平姓を許されたことによる。これ以後加賀前田家は公式には「松平」を名乗るようになる。

（8）徳川治宝の経歴については、『南紀徳川史』第二冊所収の「舜恭公伝」による。

（9）岩本正利の経歴については、『寛政重修諸家譜』による。

（10）『続徳川実紀』同日条による。

第二節　徳川頼宣書状　中根壱岐守宛

はじめに

本資料は、初代紀州徳川家藩主頼宣《よりのぶ》が、幕臣中根壱岐守に宛てた書状である。形状は掛幅装一幅で、外装の法量は縦一一八・〇cm、横五九・八cm、本紙は一紙で、法量は縦三〇・六cm、横四五・九cmである。

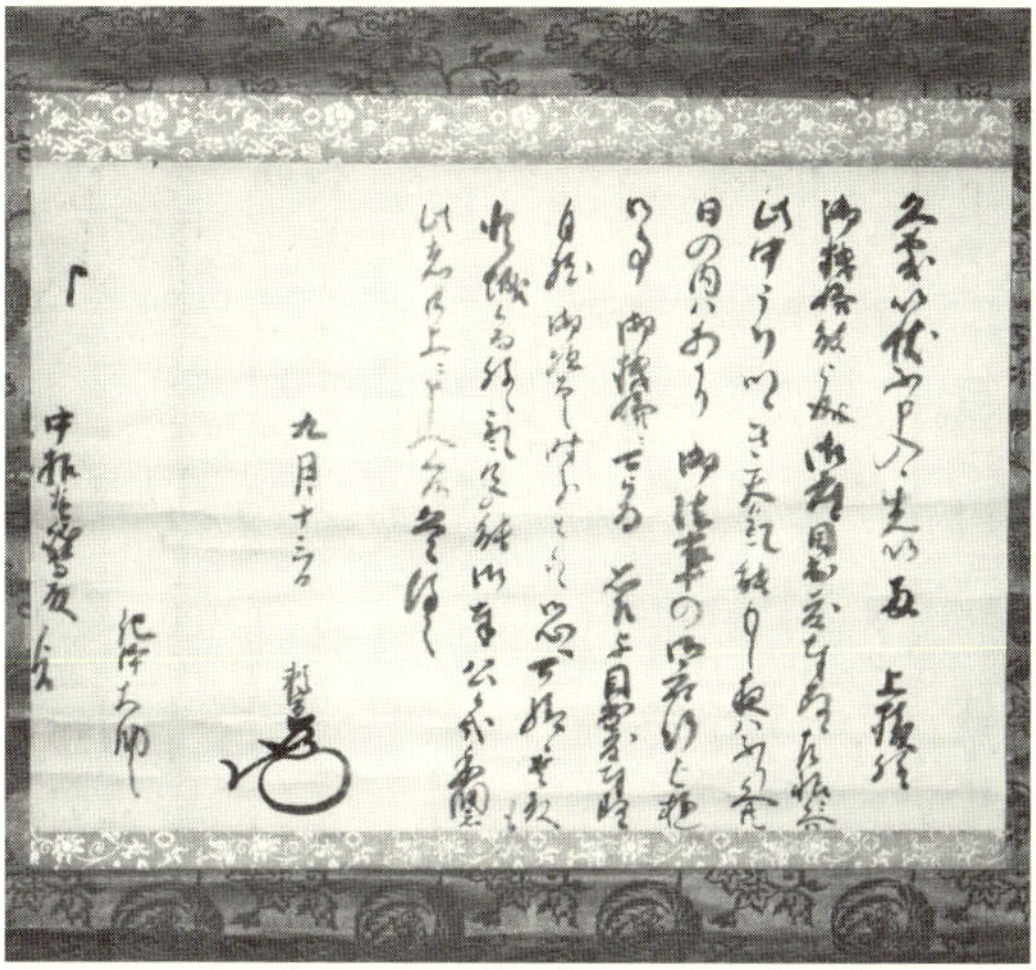

徳川頼宣書状　中根壱岐守宛（和歌山市立博物館所蔵）

一　資料の翻刻

本資料の書面内容を、以下逐条ごとに記して、その大意を述べ、その後に歴史的な背景に言及したい。なお、翻刻に際しては、旧字を新字に改めたほか、読点は便宜筆者が加えた。

久敷以状不申入候、先以両　上様弥々
御機嫌能被成御座、目出度奉存候、左様ニ候へハ、
此中うちツ、き天気能、もし夜ハふり候へ共、
日の内ハあかり、御法事の御取行被遊
御事、御機嫌ニ可被為　思召与、目出度奉存候、
自然、御次而之時分も候ハ丶、御心へ可請候、貴殿も
登城候而、弥々気色能、御奉公候哉、委細は
此者口上ニ申へく候、恐々謹言、

九月十三日　　　　頼宣（花押）
　　　　　　　　紀伊大納言
中根壱岐守殿　まいる

二　資料の内容

本書状の発給者である徳川頼宣の肩書きが、紀伊大納言となっている。[1]彼の紀伊国への移封後の初国入りは、元和五年（一六一九）八月のことである。そして、寛永三年（一六二六）八月十九日に従二位大納言に任官している。このため、この書状は、寛永三年以後のものであることがわかる。一方、受取人である中根壱岐守は、『寛政重修諸家譜』によると、幕臣中根正盛であろう。彼は、寛永十五年正月一日に壱岐守に任官している。そして、彼が致仕したのは明暦元年（一六五五）八月三日である。[2]書状の日付が九月十三日になっていることから、本書状は、その前年までに発給されたことになる。すなわち、本書状の受取人である中根壱岐守の経歴から判断して、寛永十五年から承応三年（一六五四）までの間であると限定することができる。

ところで、本書状首行に「先以両　上様弥々」という文言が見える。御三家である紀州徳川家の当主である頼宣が、将軍を上様と呼ぶのは当然のことであろうが、「両　上様」として、将軍以外に上様として敬意を払わねばならない人物は、将軍の父である大御所か、将軍の子息であり、その子息が次期将軍となることが確定している場合だけであろうと判断することができる。先に想定した寛永十五年から承応三年までの間で、徳川将軍家においてそのような状態が生じた期間を、以下しばらく考察してみよう。

寛永十五年は、三代将軍家光《いえみつ》の治世下であり、彼は慶安四年（一六五一）四月二十日に死没するまで将軍職にあった。[3]そして、同年八月十八日にその子家綱《いえつな》が将軍宣下をうけて、四代将軍を襲職している。本書状に記された「両　上様」のうちの一人は将軍と思われることから、それは三代将軍家光か四代将軍家綱であることになる。しかし、将軍を四代将軍家綱に想定した場合、大御所に当たるべき家光はすでに死没している。しかも家綱は承応三年時点でも幼少であるため、後継将軍となる実子をもうけてはいない。このため、この書状内容が意味する将軍は三代将軍家光でなくてはならないことになる。

「両　上様」のうち将軍に当たる一人を家光とした場合、もう一人の上様は誰になるのであろうか。家光の大御所に当たる秀忠は、寛永九年正月にすでに死没していることから、彼は除外されなくてはならない。これに対して、家光の後継将軍として目される実子家綱が誕生するのは、寛永十八年八月三日のことであり、同月九日には諸大名に宴を賜っており、また同月二十日には江戸市中にもそのことが公表されている。すなわち家綱こそが、御三家紀州徳川家の当主頼宣をして、将軍以外に上様として敬意を払わされる人物であったといえるだろう。以上の点から、本書状の制作年代を、寛永十八年から慶安四年までの十一年間に限定しなおすことができるだろう。

さて、本書状の四行目に「御法事の御取行被遊」という文言が見える。この十一年間のうち、御三家紀州徳川家の当主と幕臣との手紙のやり取りの中で、言及されるような九月に執行される将軍家に関わる法事とは、寛永十九年九月に行われた二代将軍秀忠正室の十七回忌法要と、慶安元年九月に行われた同じく秀忠正室の二十三回忌法要の二度に限定されるだろう。なお、秀忠正室とは、淀君の末妹で、浅井長政の三女達子（お江）である。彼女は家光の生母であり、寛永三年九月十五日に死没している。また、この二度の法要は、ともに九月六日に開始され、同月十五日に結願している。本書状の日付は九月十三日であるから、どちらにしても、書状内容にふさわしいことになる。しかも、両度とも頼宣は、参勤交代によって江戸在府中である(4)。

ところで、本書状を寛永十九年として考えた場合、将軍以外のもう一人の上様である家綱は、数え年で二歳である。彼が大奥を離れて、江戸城西の丸に移徙するのは、寛永二十年七月二十五日のことであった。それまでの彼は江戸城大奥の深窓で養育されていたのであり、いかに格式の高い御三家紀州徳川家の当主といえども、一介の幕臣との間で交わされる書状の中で、共通の話題となりえたであろうか。この点にははなはだ疑問が感じられるのである。

一方、江戸城西の丸に移徙して後の彼は、寛永二十年九月五日に父家光の乳母でありこの時点で余命いくばくもない春日局を自ら見舞うなど、頻繁に『徳川実紀』にもその動向が記されるようになる。このような事情から判断して、寛永十九年は消去されるべきであろう。

以上のような考察結果から、本書状の発給年代は、慶安元年九月十三日と判断して差し支えないであろう。なお、この年家綱は数え年で七歳である。この後慶安四年に将軍職を十歳で襲職し、在職三十年で、延宝八年（一六八〇）五月に死没している。しかし、概して病弱な生活を送っていたようである。『徳川実紀』には、頻繁に彼の病臥したことが記録されている。特に承応二年九月十八日には、遂に紀州徳川頼宣が、その病弱ゆえに将軍たる家綱の資質を憂慮さえしている。(5)

このような彼ではあるが、慶安元年前後にはその疾病に関する記録は皆無である。このようにみるとき、本書状一行目に「先以両　上様弥々御機嫌能被成御座」と有り、もちろんこれは書状贈答の際の常套句ではあろうが、この書状の発給年を慶安元年と理解したとき、誠に時宜を得た文言であろうということができるだろう。このことも、いささか消極的かもしれないが、本書状の発給年を慶安元年とする根拠となるだろう。

むすびにかえて

近世の書状は、月日を記すが、年紀を明示することはほとんどない。しかし、本書状については上述のような考察の結果、制作年を慶安元年と特定することができる稀有な資料である。このような意味で、本資料は歴史資料としての価値は極めて高いと判断することができる。

また、発給者の徳川頼宣は、紀州徳川家の初代であり、書状の内容は将軍家の法事に関わっている。その背景に、江戸幕府が草創期から安定期に移ろうとする三代家光と四代家綱の動向を垣間見させてくれる資料である。これらの内容は、御三家紀州徳川家の当主であるからこそ言及できるといえるだろう。このような点から本資料は、和歌山市立博物館の所蔵資料として、誠にふさわしい資料であるといえるだろう。

注
（1）徳川頼宣の経歴については、『南紀徳川史』第一冊所収の「南龍公伝」の記述による。
（2）中根正盛の経歴については、『寛政重修諸家譜』の記述による。
（3）前後の将軍家の動向については、『徳川実紀』の記述による。
（4）『南紀徳川史』によると、寛永十九年の場合、頼宣は前年十八年四月三日に江戸に到着し、翌二十年八月五日に江戸を発駕している。また、慶安元年の場合は、同じく同年正月九日に江戸到着、翌二年九月二十二日発駕となっている。
（5）『徳川実紀』同日条。

第三節　徳川重倫書状　牧野越中守宛

はじめに

小稿が紹介する資料は、紀州藩第八代当主徳川重倫《しげのり》が、幕臣牧野越中守に差し出した書状である。なお、本資料は個人所蔵資料であり、所蔵者の依頼によって、和歌山市立博物館が寄託資料として収蔵しているものである。現状は掛幅装で、その本紙法量は、縦四二・〇cm、横五六・五cmである。

ただし、現状の折癖及び紙継目を観察すると、本来は一紙折紙であったと思われる。現状に表具する際に、一紙折紙の前段と後段の間を横に切断し、後段の天地を逆転させ、縦二段書きのようになったものと思われる。

小稿では、本書状を翻刻し、大意を読み取りたい。その上で、本書状の発給時期を特定したい。その後、書状に登場する人物の動向を考察し、本書状の有する歴史的な意義についても、若干の思うところを述べてみたい。

なお、翻刻に当たっては、旧字体を新字体に改め、適宜読点を付したが、旧仮名遣いはそのままに表記した。

一　翻刻と大意

本資料を、その行替えにしたがって、以下に翻刻する。なお、先述とおり本資料は表具を施す際に、本来一紙折紙であったものを、現状のように仕替えている。そのことを明示するため、前段末行の行末に（「）を付した。したがって、本来はそれ以下の行は天地が逆転していたと理解いただきたい。

一筆令啓達候、先月
廿二日、中納言ヱ為
上使以田沼主殿頭方、国許ヱ之
御暇被下之、従
若君様も、
上使以鳥居丹波守方、御懇之
上意、殊御樽肴被下置
忝儀奉存候、即日登
城候処、於
御座間、首尾好致
御目見、御懇之
上意、御手自御熨斗鮑
頂戴仕、其上御鷹・御馬
拝領候、且又
西御丸ヱも登城候処、

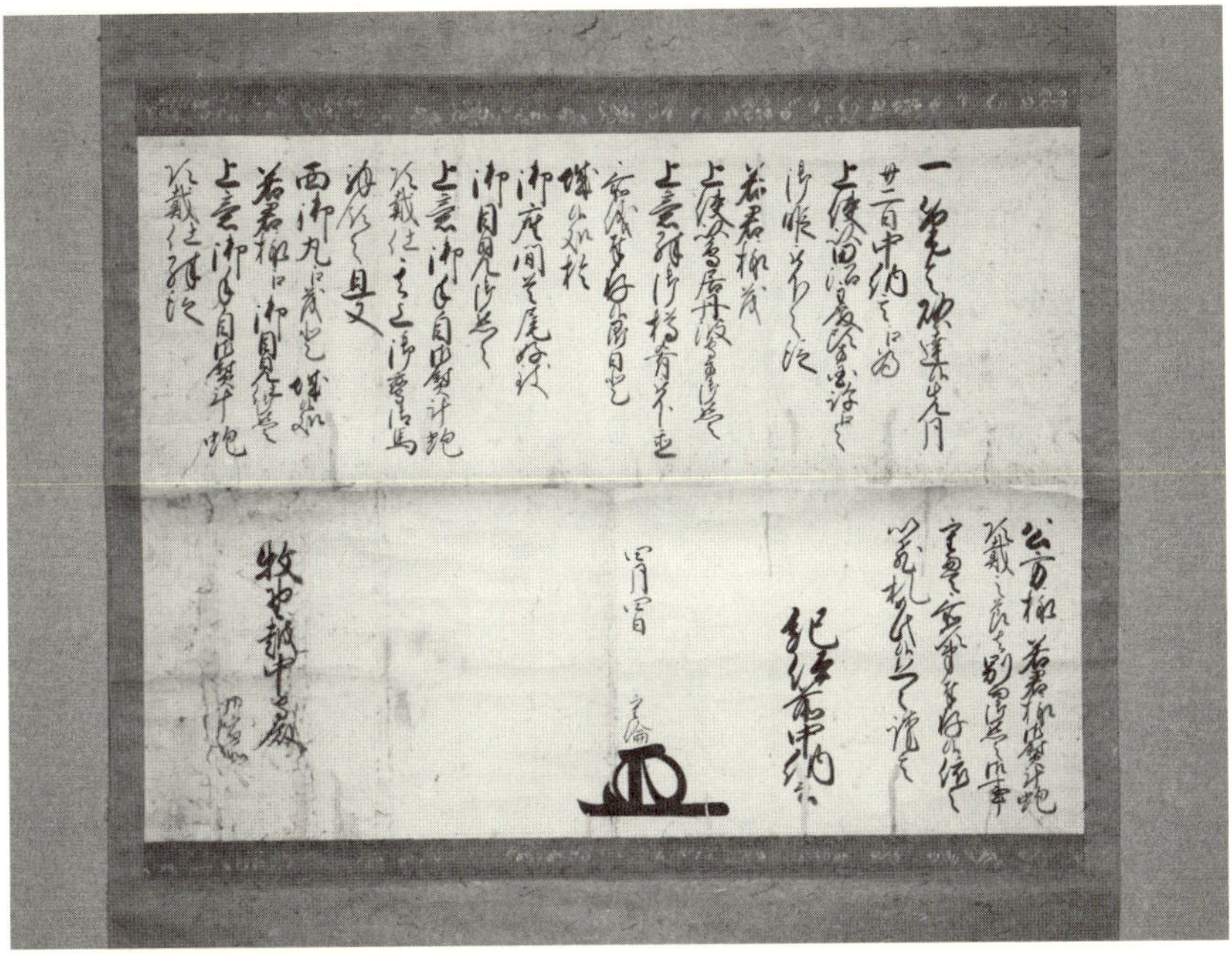

徳川重倫書状　牧野越中守宛（個人蔵・和歌山市立博物館寄託）

若君様ヱ御目見仕、御懇之
上意、御手自御熨斗鮑
頂戴仕、殊従」
公方様・若君様御熨斗鮑
頂戴之節は、別而御懇之御事
重畳忝次第奉存候、依之
以飛札如此候、恐々謹言
　　　紀伊前中納言
四月四日　重倫（花押）
牧野越中守殿
　　御宿所

以上が、本資料の翻刻である。次に、本資料に即して以下大意を略述しておこう。

　書状を差し上げます。先月（三月）の二十二日に中納言に対して、上使として田沼主殿頭をもって、国許紀州へのお暇を下さいまして、若君様よりも上使として鳥居丹波守をもって、懇切な上意を賜り、特に樽酒と肴を下され、かたじけなく存じております。

　中納言が、その日のうちに江戸城に登城いたしましたところ、ちょうど御座の間で将軍様にお会いすることが出来、直接熨斗鮑を頂戴いたしました。その上、鷹と馬を拝領致しました。かつまた西の丸へも登城致しましたところ、若君様にお会いすることが出来、懇切な上意を賜り、直接熨斗鮑を頂戴致しました。

特に将軍様・若君様から熨斗鮑を頂戴する際には、特別懇切な計らいがあり、重ね重ねかたじけないことだと存じております。このため、遠方からこのようにお手紙を差し上げている次第でございます。

二　登場人物の動向

まず、この書状の差出人である重倫は、先述のとおり紀州徳川家八代当主であった徳川重倫である。彼は、七代当主宗将《むねのぶ》の次男として延享三年（一七四六）に生まれ、明和二年（一七六五）に父宗将の死去に伴い、第八代藩主を襲職した。(1)

しかし、明和六年に財政改革に失敗した二人の奉行を、和歌山城内で惨殺するなどの不行跡が幕府に見咎められ、安永四年（一七七五）二月に隠居を命じられている。(2)隠居後、文政十二年（一八二九）に八十四歳で死去している。

本書状の彼の肩書きが、前中納言となっていることから、安永四年に彼が隠居した後の発給であると思われる。彼の隠居後、彼の実子である岩千代（後の十代藩主治宝）が幼少であったため、(3)紀州藩九代当主は、紀州藩の支藩である伊予西条藩六代藩主の松平頼淳が、治貞《はるさだ》と名を改めて四十八歳で襲職した。

書状中二行目の中納言は、敬称が付けられていないことから、重倫よりも年長ではあるが、立場上彼の養子である治貞のことであろう。治貞は紀州藩主襲職後、財政改革に成果を挙げ、先代重倫の実子・治宝を養子と定め、寛政元年（一七八九）十月に六十二歳で死去している。

書状宛先の牧野越中守は、『寛政重修諸家譜』によると、牧野貞長のことであろう。(4)貞長は享保十六年（一七三一）に生まれ、延享二年に越中守に叙任している。天明元年（一七八一）閏五月に京都所司代に任じられるが、同年七月にその職を辞し、天明四年五月に老中となり、寛政二年二月まで勤め、寛政八年九月に六十六歳で死去している。

紀伊中納言治貞のもとへ、将軍からの上使として派遣された田沼主殿頭は、田沼意次のことであろう。意次は、元文二年（一七三七）十二月に主殿頭に叙任し、宝暦元年（一七五一）以来側用人を勤めている。天明六年十二月に職を許され隠居するが、同七年十月に在職中の不正を理由に謹慎を命じられ、同八年七月に七十歳で死去している。

治貞のもとへ、若君様からの上使として派遣された鳥居丹波守は、鳥居忠意のことであろう。忠意は、安永五年八月に伊賀守から丹波守に転じ、天明元年閏五月に若年寄となるが、同年九月に西の丸付きの老中となる。その後寛政六年七月に七十八歳で死去している。

以上、登場人物の動向から、本書状は、差出人の重倫が隠居後の安永四年以後であることがわかる。また、登場人物の中で、当時の紀州藩主が寛政元年に死去していることから、それ以前の発給であったとすべきである。

安永四年以後、寛政元年以前の将軍は、宝暦十年九月に将軍となり、天明六年九月に死去した十代将軍徳川家治と、天明七年四月に将軍となり、天保八年四月まで十一代将軍の任にあった徳川家斉である。しかし、本書状中に「西御丸」に「若君様」がいるという文言が見える。

江戸城西の丸は、将軍世子の御座所である。したがって、この書状発給時点で、将軍とその世子が揃っていたことになる。天明七年に将軍を襲職した家斉の世子決定は、紀州中納言徳川治貞が死去する寛政元年までにはなされていない。[5]ゆえに、この書状が発給された時点での将軍は十代将軍徳川家治であることになる。そして、書状中の若君様は、後の十一代将軍家斉となる徳川豊千代ということになる。なお、徳川豊千代が世子となり、江戸城西の丸に入るのは天明元年閏五月のことである。

以上、本書状に登場する人物の動向を見ると、その発給時期は徳川豊千代が将軍世子として西の丸に入る天明元年閏五月以後ということになる。そして、本書状中に語られている徳川治貞が健在な寛政元年十月以前ということになる。

三　発給時期の確定

安永四年に襲封した治貞は、翌年の安永五年に初国入りを果たしている。その年の五月十五日に将軍から暇を認められ、六月五日に江戸を発し、六月十九日に和歌山城に着城している。その後、安永七年・天明二年・天明四年と、藩主として在職中に都合四回の国入りをしている。[6]

本書状は、江戸在府中の治貞が、将軍から国入りのための暇を許可されたことに関わる内容である。さらに、登場人物の動向から天明元年閏五月以後、寛政元年十月以前に発給時期が限定されている。以上の点から、天明二年ないしは天明四年の治貞の国入りに関わるものであると考えられる。

『南紀徳川史』は、紀州藩旧臣堀内信が、旧主である紀州徳川家の許可を得て、明治二十九年（一八九六）に完成させた紀州藩の記録である。[7]御三家としての家格を誇り、その栄光を記そうとする傾向が顕著である。したがって、紀州藩藩主と将軍の関係に関しては、かなり詳細に記録されている。そのため、藩主と将軍の面会を伴う参勤交代の記録については、その道程をほとんど記してはいないが、暇を賜ったこと、江戸を出発したこと、和歌山城に到着したことなどは、最大の関心事として記録されている。もちろん、その逆に和歌山城を出発したこと、江戸に到着したこと、その後将軍に面会したことも、同様に記録されている。

その『南紀徳川史』によって、天明二年と天明四年の治貞の紀州国入りの様子を以下に見てみよう。天明二年の国入りに先立って、三月二十三日に将軍から暇を賜っている。江戸出発は四月一日で、和歌山城到着は四月十八日であった。一方、天明四年の国入りは、閏正月二十二日に将軍から暇を賜り、江戸出発は二月十一日、和歌山城到着は二月二十八日であった。

本書状によると、治貞が将軍から国入りの暇を賜ったのは三月二十二日である。したがって、天明二年の賜暇の日付と一日の齟齬がある。『南紀徳川史』の天明二年三月二十三日条によると、その際の様子が次のように記されている。

同月廿三日、御国許への御暇被仰出、即日為御礼御登城、御手自御熨斗頂戴、御鷹・御馬御拝領、御所労中に付御饗応・老中御招請無之

この記述によると、将軍が疲れていたため、将軍からの饗応や老中からの接待がなかったという以外は、本書状の記述内容に合致している。しかし、江戸城中における将軍との面会は、多分に儀礼的な内容であり、いずれの際も同様の処置がとられたと思われるため、記述内容が類似しているからといって、本書状が天明二年の国入りに関するものであると即断することはできないだろう。事実、天明四年の国入りに際しての賜暇では、やはり治貞は即日登城して、将軍から直接熨斗を頂戴し、懇切な扱いを受けているのである。

ところで、『徳川実紀』は将軍及び幕府政治の動向を詳細に記録している。もちろん、諸大名がいつ国入りを果たしたかという問題は、興味の埒外であったと思われ、ほとんど記録されてはいない。しかし、御三家や大藩の当主が将軍に面会した事例については、かなり丁寧に記録されている。天明二年の治貞の国入りに際しての賜暇に関する記述は、次のように記されている。

廿二日、紀伊中納言治貞卿のもとに、田沼主殿頭意次御使して、就封の御ゆるしあり、中納言やがて出仕して御対面あり、鷹・馬給はること例の如し、

これによると、『南紀徳川史』に三月二十三日と記されていた賜暇の日付は、まさしく三月二十二日だったのである。しかも、将軍からの許可を伝えに来た上使も、本書状内容と同じく田沼意次だったのである。したがって、本書状は天明二年に発給されたものと断定することが出来るのである。結局、『南紀徳川史』がその賜暇の日付を三月二十三日としたのは、単純な誤りであったとみることができるだろう。

すなわち、天明二年の国入りに際しての賜暇の日付が『南紀徳川史』と『徳川実紀』との間で一日の齟齬があったが、本書状によって『徳川実紀』が正鵠を得ており、『南紀徳川史』が誤っていることを証明することが出来るのである。

なお、天明四年の賜暇は両書とも閏正月二十二日となっており、齟齬は認められない。

四　本書状をめぐる若干の問題

以上、本書状に関して、翻刻して大意を要約し、登場する人物の動向を概観した。その結果、発給年を天明二年であると確定した。最後に、本書状をめぐる若干の問題について、思いつく点を述べておきたい。

差出人の徳川重倫は、安永四年に幕命によって隠居させられている。そして、藩主の徳川治貞は天明二年三月二十二日に暇を賜り、四月一日に江戸を出発し、四月十八日に和歌山城に到着している。しかし、本書状が重倫によって認められたのは、四月四日のことである。すなわち、本書状が認められた時点では、治貞の国入り行列は道程の半ばにも到っていなかったのである。

このことから、将軍と治貞との三月二十二日の面会の状況は、重倫が帰国を果たした治貞から直接聞いたものではないことになる。すなわち、面会後に治貞が国許に差し出した書状によって知りえたものであることがわかる。

国入りに先立って、国許ではさまざまな準備を整えなくてはならなかった。そのために、藩主の和歌山城到着の日時は、事前に江戸から国許に伝えられなくてはならなかったはずである。おそらく、国入り道中の日程を伝えるべきその書状に、賜暇の状況が詳しく記されていたのであろう。このように考えると、治貞の書状は、賜暇のあった三月二十二日以後、江戸を出発する四月一日以前に差し出されたはずである。

紀州藩では、江戸と国許和歌山との通信は、七里飛脚によって結ばれていた。江戸から国許に対しては毎月五の付く日、すなわち五日・十五日・二十五日の三度飛脚が差し向けられた。所用日数については、内容の重要度に応じて八日から三日半程度を要したと記録されている(8)。

これによるならば、三月二十二日に賜暇の決定した治貞は、定例の七里飛脚で、三月二十五日に国許に向けて書状を発信したと思われる。藩主の国入りは紀州藩にとっては重要な案件であったと思われるが、緊急性を伴ってはいないし、国入り道中は通常二十日程度を要するため、それほど急な飛脚を仕立てる必要はなかったであろう。仮に最も遅い飛脚を仕立てて発信したとするならば、三月二十五日から八日目に書状は和歌山城に到着したことになるだろう。

天明二年三月は小の月であったから[9]、その書状は四月三日に和歌山城に到着したことになる。先にも見たように、その書状には賜暇の際の藩主と将軍との面会の様子と、和歌山城到着の予定日が記されていたはずである。そして、その内容は紀州藩重臣から即座に主だった人々に伝達されたであろう。湊御殿に隠居生活を送っていた重倫の下に、このような経路で情報がもたらされたと思われる。

すなわち、重倫は四月三日に治貞の情報を得て、翌日即座に本書状を差し出したことになるのである。隠居した大御所が、当主の賜暇の礼を幕閣に申し述べることが、当時として慣例であったかという点については、あまりにも類例が少ないため判然とはしない。しかし、この経緯を確認すると、明らかに重倫は当主である治貞との相談を経ることなしに、単独の行為としてこの書状を差し出したものと思われる。

本書状の体裁を見ると、全二十二行が認められているが、それぞれの行の長さが極めて不揃いである。「上意」・「上使」・「城」など、将軍に関わる文言が記される際には、それらの文言が行頭に来るように、頻繁に行替えを行っているため、このように各行の長さが不揃いになるのである。さらに、将軍への敬意を表すだけでなく、「若君様」・「西御丸」などのように、将軍世子に対しても同様の敬意が払われているのである。

これまでに、紀州藩主の書状を何通か見てきたが、たしかに将軍や世子に対してはかなりの敬意を払っていることが窺える[10]。しかし、その際には、それらの文言の前に一文字の空白をもうける程度が一般的である。このような例からみると、重倫がこの書状を認めるに当たって、将軍とその周辺及び幕府・幕閣に対して、極めて慇懃な態度をとっていることがわかる。

これほどまでに、慇懃な重倫の態度をみるとき、不本意な形で幕府から若くして隠居を強いられた彼の鬱屈した日常を垣間見ることが出来るのではないだろうか。また、本来隠居した大御所が、通例このような書状を認める慣例はなかったのではないだろうか。その慣例を破ってまで、彼がこの書状を差し出したため、いきおいこのような慇懃な体裁になってしまったのではないだろうか。

もし、このような憶測が許されるのであれば、重倫がこのような書状を差し出した理由も、おおよその想像は付くであろう。安永四年に不本意な形で幕府から隠居を命じられたのは、彼が三十歳のときであった。そして、この書状が差し出された天明二年は、彼が三十七歳であった。

若くして隠居生活を送る彼にとって、将軍家・幕府に対して自己の存在を主張する機会は、ほとんど皆無の状態であった。そのような鬱屈した生活を送っていた彼にとって、治貞賜暇の礼を述べる書状を差し出すことは、自己の存在を将軍や幕府に主張するまたとない機会であったと思われる。

さらに、自分の隠居によって、治貞が襲職したため、その実子岩千代の処遇については、重倫の最大関心事であったことだろう。その岩千代が天明二年三月七日に、藩主徳川治貞に伴われて、江戸城に登城し、無事元服を果たして、常陸介徳川治宝と名を改めている。御三家の当主は原則として元服の際に、当代将軍の諱を一文字拝領することになっている。

重倫の愛息である岩千代が、元服に際して十代将軍家治の「治」の一文字を拝領し、徳川治宝と改名したことは、事実上治貞の跡目が治宝であることを、将軍と幕府が認定したことを表しているのである。湊御殿で鬱屈した隠居生活をすごしていた重倫にとって、それはまたとない朗報であったことだろう。

そして、本書状は愛息治宝の元服直後に差し出されているのである。やがて、藩主となる治宝の実父として、そのような計らいをしてくれた将軍家・幕府に対して、感謝の念がこめられていたと見ることもできるだろう。もしかすると、それ以上に、やがて藩主の実父となり、幕末の薩摩藩の島津久光のように、国父としての自分の存在を誇示する意図が存在していたのかもしれない。

むすびに

小稿は、幕閣牧野貞長に宛てた徳川重倫の書状を紹介し、その史的背景に言及を試みた。

まず、翻刻を行い大意を把握した。ついで、本書状で言及されている人々の動向を概観して、おおよその発給年次を設定した。さらに、九代藩主治貞の参勤交代の状況を考慮し、本書状の発給年次が天明二年であると断定した。よって同年の賜暇を三月二十三日とする『南紀徳川史』の誤謬を正すことが出来た。

また、大御所重倫が当主の賜暇に対して、書状をもって礼を述べる背景について考察を試みた。それは、不本意にも幕府によって、若くして隠居を命じられた彼が、将軍家・幕府に対して、自己の存在を誇示しようとするものではなかったかと推定した。

ただ、大御所が、当主の賜暇の礼を述べる例がないことから出発した推定である。このような推定は、今後類例を積み重ねることによって、当否が判断されることになるだろう。類例が少ない現状においては、最後の考察部分はまったくの憶測に過ぎないであろうことを最後に記しておきたい。

注

（1）徳川重倫をはじめとして、紀州藩主の動向については、以下特別な断りのない限り、『南紀徳川史』による。
（2）徳川重倫隠居の経緯については、『和歌山市史』第二巻第四章第二節（三尾功担当、一九八九）に詳しい。
（3）徳川治宝は、安永四年当時五歳であった。
（4）牧野貞長はじめ幕臣の動向に関しては、以下特別な断りのない限り『寛政重修諸家譜』による。
（5）『徳川実紀』によると、家斉の世子である家慶の誕生は、寛政五年のことである。
（6）治貞は、安永四年二月に襲封し、在任中の寛政元年十月に死去しており、在任期間は十四年であるが、所労等で参勤交代が免除されることがしばしばあり、参府・国入りの回数はこのように少ない。
（7）『南紀徳川史』の編纂過程については、『和歌山市史』第三巻第二章第四節（小田康徳担当、一九九〇）に詳しい。
（8）『南紀徳川史』巻七十七「七里之者」及び「御飛脚」の項参照。

（9）『三正総覧』による。
（10）拙稿「徳川頼宣書状　中根壱岐守宛」（『和歌山市立博物館研究紀要』八号、一九九四、本章第二節）、拙稿「二通の紀州藩主の手紙」（『和歌山市立博物館研究紀要』九号、一九九四、本章第一節）、高橋克伸「木下宮内少輔宛徳川頼宣書状」（同前）等参照。

第四節　江戸行き道中閑話二題

はじめに

近世の紀州藩は、御三家として極めて高い権威を誇っていた。一方、三代将軍家光の時代から、全国約三百を数える諸大名は、参勤交代を義務付けられることになった。これについては御三家として高い権威を誇る紀州藩においても例外ではなかった。むしろ、高い格式ゆえにその参勤交代の行列は壮麗を極め、行列のいく沿道の人々の耳目をひかずにはいなかった。(1)

『南紀徳川史』によると、紀州家の参勤交代が国許和歌山を出発する際には、「東観」と記して、その発駕の日を明記するとともに、江戸到着と将軍に拝謁した日も明記している。逆に江戸を出発して国許へ帰る、すなわち国入りについても、将軍に拝謁して暇乞いをした日を明記するとともに、江戸発駕と和歌山城到着の日を明記している。これらを通観すると、江戸時代の紀州徳川家の参勤交代は、細大漏らさず『南紀徳川史』に明記されているといっても過言ではない。(2)このことは他の外様大名や譜代大名などと同様に、紀州徳川家にとっても、参勤交代が非常に重要なものであったと認識されていたからであろう。

ところが、その参勤交代の具体的な経路を、『南紀徳川史』から知ることが出来るものは、極めて少ないのである。さらに、参勤交代の行列の様子を描いた図なども伝世しており、(3)『南紀徳川史』の記述やその他の資料を基に、参勤交代の実態を解明しようと試みて、かなりの成果を挙げた研究も見られる。(4) しかし、『南紀徳川史』の関連記事が絶対的に不足しているため、それらの研究は大きな壁に直面している。これは、近世紀州史研究の基本資料である『南紀徳川史』が、紀州徳川家のかつての威光を記すことに主眼を置いており、その意味で、将軍との関わりが一義とされたためであろう。それゆえ、参勤交代の具体像は埋没してしまって、詳細に記録されることが無かったのであろう。

しかし、御三家の威光を背景に繰り広げられた壮麗な江戸への道中行列は、行く先々の沿道でその足跡を残さずにはおかなかった。ここに紹介する事例は、そのような紀州徳川家の江戸・和歌山の道中の沿道に残された足跡である。

一　九代藩主徳川治貞の初国入り

紀州徳川家九代藩主治貞は、安永四年（一七七五）二月三日に八代藩主重倫の隠居を受けて、紀州藩の支藩伊予西条藩から紀州徳川家を襲封した。翌安永五年の彼の初国入りについても、『南紀徳川史』は記事を漏らすことなく、次のように記している。

一、五月十五日初て御国許へ之御暇被　仰出、翌十六日御登　城御饗応、御太刀御馬御拝領、

一、六月五日御発駕、同十九日御着城、

すなわち、治貞は家督襲職の翌年に初国入りを果しているのである。まず五月十五日に江戸城で将軍に暇乞いをし、翌六月五日に江戸を出発し、同月十九日に和歌山城に到着している。その道中は十五日間であった。『南紀徳川史』から知ることの出来る彼の初国入りに関する情報は、以上がすべてである。

ところで、昭和六十三年（一九八八）六月二十日、長野県下諏訪町の町誌編纂委員の今井久雄氏から突然の手紙を受けた。質問の内容の大意はおおよそ次のようなものである。

下諏訪町内に臨済宗妙心寺派の古刹慈雲寺がある。その山門は、三度の火災で焼失しているが、安永五年に紀州の藩主が参勤交代で中山道を通行中、藩士福田儀左衛門はこの地で愛息を亡くし、この寺で葬儀を執行した。その際、

同寺に祠堂料として九十両を奉納し、寺ではそれをもとに、三年後の安永八年に山門を建立した。このような寺伝があるが、紀州家の参勤交代の行列が、安永五年にこの地を通ることがあったか調べて欲しい。また、九十両もの大金を奉納した福田儀左衛門という紀州藩士とはどのような人物か調べて欲しい。

このような質問を受けて、早速『南紀徳川史』を調べ、その年に上述のような治貞の初国入りがあったこと、また、その際の経路は明記されていないが、この二年後の彼の国入りの際には、木曽路を通過したことがわかることから、このときも木曽路を通過した可能性が十分にあると伝えた。さらに、福田儀左衛門については、和歌山県立図書館の藩士の家譜を、同館司書須山高明氏のご教示によって調査した。さいわいにも、文政六年（一八二三）八月の福田兵部が提出した「福田氏家譜」が所蔵されていた。

それによると、福田家の始祖は福田儀左衛門、またの名を茂左衛門と称し、明和四年（一七六七）に切米四十石で初出仕している。以後、福田家の当主は、代々儀左衛門あるいは茂左衛門を称することが多かった。安永五年の福田家の当主は、二代目儀左衛門に当たる。彼は、紀州徳川家の家老三浦家の家臣小山弥右衛門の四男として生まれ、後に福田家に養子として入り、福田家の当主となった。初出仕時の役職は御勘定人見習であった。福田家は先代が切米四十石の軽輩であったが、彼の代に目覚しい発展を遂げる。背景には彼の生家小山家の主筋に当たる家老三浦家の援助があったのかもしれないが、安永四年、すなわち治貞初国入りの前年に、御勘定頭並で二百五十石の高禄に達している。しかし、過分な出世の反動であろうか、天明二年（一七八二）正月五日に突然家名断絶を申し渡されている。その後、三代目儀左衛門のとき、文化元年（一八〇四）に特に許されて十人扶持で家名が再興され、同三年に初代の時の石高の四十石に復している。すなわち、安永五年は、福田家にとって、空前絶後の絶頂期であり、高額の祠堂料を奉納するようなことも、十分にありえたであろう。

質問された今井氏には、以上のような趣旨の回答をして、本件を処理した。なお、慈雲寺には、彼の祠堂料によって再建された山門とそれにまつわる上述のような口碑寺伝が残っているのみで、文献史料は伝わっていないとのことである。[5]しかし、これによって、治貞の初国入りが、木曽路を用いて行われたことが判明したのである。

二　豊姫婚礼道中

藩主の参勤交代以外にも、藩主縁者が江戸と和歌山を往来することもあった。しかしこれらは、参勤交代のような定期的なものではなく、『南紀徳川史』に漏れたものもあるのではないかとの危惧もある。この場合、参勤交代のように「東観」として処理できるものではないので、そのたびの理由が特別に付されていることが多い。しかし、そのように『南紀徳川史』に記述があったとしても、参勤交代同様、その行程や経路、さらには供揃えの状況を知ることは出来ない。

紀州徳川家第十代藩主徳川治宝の息女豊姫は、享和四年（一八〇四）正月二十七日に加賀藩前田斉広《なりなが》の嫡子裕次郎との婚儀が整った。その翌年文化二年（一八〇五）二月、彼女は婚礼のため、江戸への道中に出発した。彼女は、寛政十二年（一八〇〇）十月七日生まれであったから、満五歳に満たない姫君の婚礼道中となったのである。

当時最大の外様大名家との婚礼であったため、彼女のこの江戸行き道中を『南紀徳川史』は、漏らすことなく記録している。『南紀徳川史』巻十八の顕龍公御簾中の、彼女のことを記した「御簾中御譜」によると、その婚礼道中のことを次のように記している。[6]

文化二丑年二月廿八日、江戸へ御下向トシテ御発輿、三月十八日江戸御着、
同年五月廿七日、松平裕次郎於加州死去、

これによると、彼女は文化二年二月二十八日に和歌山を出発し、翌月三月十八日に江戸に到着している。その行程は、女児の旅であったからか二十一日を要している。このようにして、江戸に到着した彼女であったが、婚礼の日を待たず、伴侶となるはずの前田裕次郎は、五月二十七日に国許加賀で死去し、彼女の婚礼は果たされなかった。なお、彼女はその後父治宝隠居後、その養子として紀州藩を襲封した将軍家斉の第七子斉順《なりゆき》の正室として生涯を送った。

ところで、平成五年（一九九三）六月二十日、尾西市歴史民俗資料館学芸員の小林弘昌氏から、突然の手紙で質問を受けた。その質問の要旨は、おおむね次のようなものである。

愛知県尾西市（現一宮市）は、美濃路起宿《おこし》として、多くの大名たちの通行があった。その起宿本陣文書の中に、紀州の豊姫が小休したとの記録がある。彼女の経歴、その他エピソードを調べて欲しい。

以上のような質問に対して、早速上述のような彼女の経歴を、『南紀徳川史』の複写を添えて回答し、本件を処理した。なお、小林氏の前掲の質問には、起宿本陣文書「御泊休覚帳」の文化二年の当該箇所の写しが添えられていた。次にそれを示しておこう。(7)

丑三月五日　御下

一　紀州様　豊姫君様　御小休

献上　　おこし米一台

お照より

金百疋　　被下候

やうしさし十五

是はおてるより献上ニ付

外

一分弐朱　　御茶付代被下候

御上女中・御役人様方等、茶付三十三人後入用の由ニ付、用意いたし候処、十人前斗余りニ成、平とちょく茶わんニいたし膳組仕立候て、相渡置可申旨、はん当の者御出被仰付候ニ付、不残相渡申候、例の御跡女中と御一緒に相成、御人数は余程有之、御泊ニては御下宿廿四有之由、御休ニは御支度百八十斗有之候由也、五日夜墨俣御泊、萩原御休、清須御泊也、

右の振にて宿々御茶付出候ニ付、此度ハ茶付余り申候、

これによって、豊姫の一行が美濃路を通って江戸に向かったことがわかる。それだけでなく、起宿で一行が支払った金額、彼女の一行が宿泊には二十四軒の宿屋を占拠したことや、休息の支度として、百八十人分を要したことなどがわかるのである。そして、紀州徳川家の江戸への道中の具体像を、おぼろげながらではあるが知ることが出来るのである。(8)

おわりに

博物館に勤務している関係で、紙つぶてのように突然に質問の手紙が舞い込んでくることが多い。その都度、そのとき執り行っていた仕事の手を休めて、質問に回答するために時間を割いて調べものをすることになる。仕事のペースはその都度狂わされるし、簡単に回答できるような質問ばかりではないため、数日間を費やすこともある。

しかし、ここに紹介した二つの質問は、いずれも『南紀徳川史』の記録を補う格好の資料を質問者の方から提示してくださったものである。こちらの回答文は、手元の『南紀徳川史』の該当箇所を要約したに過ぎない。誠に労少なくして、得るところ多かった質問であった。

これらの質問に対する回答を用意しながら、誠に頼りになる『南紀徳川史』という資料の素晴らしさを再認識したことはもちろんである。しかし、藩士が奉納した祠堂料や、本陣に支払った金額は、受け取る側にとってこそ大きな関心事であるが、将軍ないしは江戸との関係を一義に考え、御三家紀州藩の威光を記録することに主眼を置く『南紀徳川史』には、まったく記録されなかったのである。その意味で、『南紀徳川史』という資料の限界を痛感した次第である。

換言すれば、『南紀徳川史』に記録されはしなかったが、紀州徳川家の行列の通過した道筋には、沿道の人々の関心によって記録された未知の資料が埋もれているのではないだろうか。そして、今後このような資料を発掘すること

によって、江戸への道中の具体像がさらに明らかにされていくのではないだろうか。そのような期待を持ちながら、次の質問が来るのを待っているのである。

注

（1）近世江戸府内において、紀州徳川家の大名行列が壮麗であったさまについては、拙稿「まぼろしの紀州てまり」（『和歌山市史研究』十八号、一九九〇）にふれている。
（2）『南紀徳川史』の編者は、紀州徳川家の旧家臣堀内信であり、明治二十九年（一八九六）に前集を、明治三十四年には後集を完成させている。その編纂の動機と過程については、『和歌山市史』第三巻（和歌山市、一九九〇）三一七頁に詳しい（担当小田康徳）。
（3）堺市博物館所蔵「紀州藩参勤交代行列図」があり、『和歌山市史』第二巻（和歌山市、一九八九）の前後見返しに用いられている。また、和歌山県立博物館所蔵の徳川斉順の初国入りを描いたとされる「藩主帰国の図」などがある。
（4）三尾功氏の一連の研究成果がある。同氏『城下町和歌山百話』（和歌山市、一九八五、後宇治書店より増補改訂、二〇〇三）九〇頁以下、『和歌山市史』第二巻（前掲注3）、五五八頁以下などに略述されている。
（5）前記今井久雄氏のご教示による。
（6）『南紀徳川史』では、加賀前田家を「松平」と記しているが、これは慶長十年（一六〇五）に前田利常が、徳川将軍家から松平姓を許され、これ以後前田家は公式には「松平」を名乗るようになったからである。
（7）『尾西市史』資料編二（尾西市役所、一九八七）所収。
（8）起宿は中山道と東海道を結ぶバイパスである美濃路に位置している。一行はその後「清須」を目指していることから、和歌山を出発後京都経由で中山道をとり、その後美濃路・東海道を経て江戸に入ったものと思われる。

第二章

紀州の国学

第一節　本居宣長紀州藩召抱え前史

はじめに

国学の大成者である本居宣長《もとおりのりなが》は、国文学・近世文化史・近世思想史などの分野で、多くの研究者達の研究対象となってきた。彼は、伊勢松阪の木綿商人の子として生まれ、京都に遊学し、医者としての道を歩む傍ら、僧・契沖《けいちゅう》や賀茂真淵《かものまぶち》の影響を受け、日本古典の研究に邁進し、『古事記伝』を初めとする膨大な研究成果を発表し続けた。特に、彼の研究成果は、それまでの単なる古典研究ではなく、古典の中に日本人の精神性を追求しようとしたところに特徴がある。それゆえに、彼の学問体系をそれまでの単なる「古学」と呼称せず「国学」としているのである(1)。

近世の文化を語る上で、彼の存在は極めて大きなものがある。それゆえに、彼の生涯やその業績に言及した研究は枚挙にいとまない。しかし、それらの研究を見るとき、本居宣長が紀州藩士であることを意識したものは余りにも少ないように思われる。もちろん、彼の生涯とその業績が、紀州藩という器に収まるものではなく、そのような意識の希薄さこそが、彼の偉大さの証左なのかもしれない。とはいえ、松阪の一介の商人の子として生まれた彼が、御三家紀州藩に召抱えられた事実は、近世という身分社会においては、極めて大きな意味を有するといわなくてはならないだろう。

たとえば、彼が紀州藩に召抱えられた寛政四年（一七九二）前後に、鈴屋門人はその数を飛躍的に増加させている。このことは何を意味しているのであろうか。門人を増加させている宣長の実力に紀州藩が着目したのであろうか。それとも、紀州藩に召抱えられたことが、宣長の活躍の場を広げたのであろうか。このような問題意識を抱くとき、本居宣長の紀州藩召抱えの経緯を探ることは、本居国学の発展過程を検証する際の重要課題であるといわなくてはならないだろう。小稿は、以上のような問題意識のもとに、本居宣長の紀州藩召抱えの背景に言及しようとするものである。

一　紀州藩との出会い

本居宣長は、享保十五年（一七三〇）に紀州藩領松阪城代支配の町人として生まれた。[2] すなわち、彼は生得的に紀州藩と出会っていたのである。しかし、それは紀州藩領民として紀州藩に出会っていたのである。それに対して、国学者としての宣長は、紀州藩とどのようにして出会ったのであろうか。

天明七年（一七八七）十二月に紀州藩勘定方役人の勧めで、その著書『玉くしげ』を紀州藩第九代藩主徳川治貞に献上している。[3] この献上は、天明五年に鈴門に入門していた服部中庸の勧めで行われたと推測することも出来る。[4] 服部は、松阪出身で松阪城代配下の軽輩であるが、藩士身分であり、管見に入るところ紀州藩関係者の門人としては最初の人物である。彼の立場からすれば、領主に自分の師を紹介することを兼ねて、その著書の献上を画策することは十分にありえたであろう。しかし、その献上のことは、紀州藩の公式記録である『南紀徳川史』にも特筆されておらず、その後藩主治貞からの沙汰は一切無かったようである。このことから、このときの献上が紀州藩上層部に対して、国学者宣長を認識させるには至らなかったと判断せざるを得ないだろう。

ただ、紀州藩の官僚たちと宣長に、それまで接点が無かったかといえばそうでもない。市井の医師として開業していた宣長の下には、松阪城代支配の歴々たる藩士が頻繁に診療を受けていたことが、彼の診療記録である「済世録」から知ることが出来る。[5] すなわち、治貞治世下の宣長は、国学者としてではなく、市井の医師として紀州藩に認識されていたのである。

このことから、藩主治貞に自著『玉くしげ』を献上しながらも、いかなる沙汰を受けることが出来なかった宣長は、明らかに藩主に認められた国学者ではなかったのである。「二主に仕えず」を原則とする武家社会において、藩主の許可を得ないで、独自に師を仰ぐことは不可能なことであった。それゆえ、服部中庸は軽輩なるが故であろうが、極

若狭	能登	越中	越後	伯耆	出雲	石見	播磨	備前	備中	安芸	紀伊	阿波	讃岐	伊予	土佐	筑前	豊前	豊後	肥前	肥後	日向	年別合計
																						43
																						1
																						4
																						4
																						2
																						1
																						3
						1		1														6
																						3
															1							2
						7																9
																						13
																						7
									1											1		6
																	1					25
			1																			19
															1	2						37
		1				4				1	2	3				2						20
																				1		13
					2														1			37
							1		1		1								2	1		43
							1				6				1	3			1	1		38
					1	4	1											1		1		21
												1	1	2						1		24
	1		1			1																17
			1			1				1		1		1	1	1					3	21
	4					1					1									2		23
1			1								6								1			24
				3										1		1						23
1	5	1	4	3	3	19	3	1	2	2	16	5	1	4	4	9	1	1	5	8	3	489

めて特異な存在であったといわなくてはならないだろう。

それでは、紀州藩士が鈴門を潜るのはいつのことであろうか。表は「授業姓名門人帳」に記載されている宣長の門人たちを、地域（国）別、年代別に分類して、その分布状況を示したものである。[6] 安永八年（一七七九）までの鈴門の門人たちは、松阪とその周辺の伊勢国内に限定されている。すなわち、この頃までの宣長は、明らかに地方知識人の域を出るものではなかったといえるだろう。しかし、それ以後の門人の分布を見ると、その門人は全国に広がっていることが見てとれる。

ただし、その広がり方は、宣長の居を構える伊勢松阪を中心に同心円状に広がるのではなく、かなりの飛び地状態で広がっている。たとえば、因幡国には門人が存在しないのに、その近隣の石見国には比較的早い時期に門人を得ている。このような分布を呈するに至った要因は今後の課題となるだろう。ともあれ、

鈴屋門人年代別地域別分布表

	京	山城	大和	摂津	和泉	伊勢	志摩	尾張	三河	遠江	駿河	甲斐	伊豆	江戸	下総	近江	美濃	飛騨	信濃	陸奥	出羽
安永２以前						43															
安永３年						1															
安永４年						4															
安永５年						4															
安永６年						2															
安永７年						1															
安永８年						3															
安永９年						3											1				
天明元年						3															
天明２年						1															
天明３年						2															
天明４年						11		1	1												
天明５年						4		2		1											
天明６年						3											1				
天明７年						16		2				1					5				
天明８年				1		11		2		2		2									
寛政元年						5		22	1	4							1				1
寛政２年						5		1									1				
寛政３年						7		4								1					
寛政４年						3		28		1				1			1				
寛政５年	9	1				8		10	2	1		4					2				
寛政６年	1					10		9	4								1				
寛政７年						8							1			1	3				
寛政８年	1					11				2				2		2			1		
寛政９年	4				1	9															
寛政10年						5	1		1	4											
寛政11年			2			4		2							1	5				1	
寛政12年			1			7	1	5	1												
享和元年	5					3		1		3	2			1		1		1			1
国別合計	20	1	3	1	1	197	2	89	10	18	2	7	1	4	1	10	16	1	1	1	2

紀州人が鈴門に初めて見えるのは、この表に見えるように、寛政二年のことである。これは他の地域の門人の入門状況に比較しても、決して早いとはいえないだろう。

なお、紀州藩士である先述の服部中庸は、これよりも以前の天明五年に入門しているが、彼は松阪出身で松阪在住であるため、紀州人としてはこの表で扱われておらず、同年に伊勢国で入門した四名の中に処理されている。蛇足ながら、松阪在住で寛政二年以前に鈴門に入門した紀州藩士は、管見に入るところ服部を除いて皆無であると思われる。

さて、紀州人として初めて鈴門を潜った二人は、小浦彦之丞朝通と西川柳右衛門行久であり、ともに「紀伊若山御家中」と肩書きされている。すなわち、このとき紀州藩士が鈴門を潜るということは、明らかに紀州藩上層部の宣長に対する認識に、大きな変化が生じていたことを意味している。その変化とは何であろうか。

西川柳右衛門に次いで、「授業姓名門人録」に記されている美濃国河地小右ヱ門重矩には、「三月（鈴）」と付記されている。すなわち、河地は寛政二年の三月に入門していると思われる。この列記順序を参考にするならば、紀州藩士の西川と小浦は、この年の三月以前に入門を果たしたことになるだろう。

紀州藩では、彼等が鈴門に入門したと思われるわずか数ヶ月前に当たる寛政元年十二月二日に、第九代藩主徳川治貞の死を受けて、第十代藩主を治宝が十九歳で襲職している。(7)『玉くしげ』を献上されながらも、何等反応を示さなかった治貞に代わって、後に「数寄の殿様」と称される治宝の登場を待っていたかのように、紀州藩士が鈴門を潜るのである。この藩主の交代劇こそが、紀州藩上層部に生じた最大の変化であったといえるだろう。

それでは、宣長を紀州藩に呼び入れた張本人は、まさしく新任の藩主治宝であったのだろうか。たしかに、治宝の治世下の寛政四年に宣長は召抱えられている。そして寛政六年には治宝自らが宣長を和歌山に召して、親しく御前講釈を城内で行わせている。このように見たとき、治宝の存在を無視できないことは一目瞭然であろう。しかし、私は彼以外にも大きな要因があったのではないだろうかと敢えて提起したい。私がそのように思うのは、初めて和歌山に召しだされた寛政六年の御前講釈の様子から、決して治宝が能動的に宣長を召したと思えない状況が認められるからである。そして、治宝以上に宣長に興味を抱く紀州藩上層部の人物の存在を認めるからである。そこで、しばらく寛政六年の和歌山における宣長の動向を見ておきたい。

二　寛政六年における宣長の動向

宣長は、寛政六年十月十三日、雨の中和歌山城下郊外八軒屋に到着した。寛政二年に入門していた小浦彦之丞が、師を迎えにきていた。宣長は、その日のうちに城下中店北之町の針医師塩田養的が用意した旅宿で旅装を解いた。その旅宿には、小浦と同時に入門していた西川柳右衛門が待ち受けていた。おそらく小浦と西川は、一方が出迎え、他方が旅宿の準備を、と役割を分担していたのであろう。

翌日からしばらくの間、藩の重臣たちへのあいさつ廻りが続くが、新参者の宣長にとっては、当然果たさなくてはならない儀礼であったと思われる。和歌山到着から二十日を過ぎた十一月三日に初めて御前講釈が行われた。「寛政六年和歌山行表向諸事控」(8)によると、御前講釈前日の二日に、御前講釈への召し出しの通知が宣長の下に届けられている。それによると、藩主治宝は「和学之根本之所、二三席ニ而終り候物」を望んだと記されている。そして、それが困難であれば、「中臣祓」を講釈するように命じている。これに対して宣長は、「和学之根本之儀ハ、二三席ニ而ハ難申上候へハ、中臣祓可申上旨御返答申候」としている。すなわち、宣長は治宝から提示された次善の案に従ったのである。翌日四日は講釈が無く、五日に二回目の講釈が行われ、無事「中臣祓」を講釈し終えている。次いで、六日に三回目の御前講釈が「詠歌之大概」で行われているが、これについても前日に「何ニ而も一席ニ而終候物」との要望が出されていた。すなわち、いずれの御前講釈の際も、事前に講釈時間の短縮を要求されているのである。

以上の経緯を見ると、治宝はたしかに宣長にかなりの興味を示していたことは理解できるが、宣長の国学という学問にそれほど強い興味を有していたとはいえないように思われるのである。ともあれ、三日間の御前講釈は無事に終了した。しかし、宣長の和歌山での活動は、これで終わらなかった。十一日に、今しばらく和歌山に滞在しているようにとの命令が届けられた。おそらく、それは前日に藩主治宝の祖母であり、大殿重倫の生母である清信院が、宣長の講釈を所望したため、藩当局がこのように取り計らったのであろう。

宣長は、十二日に清信院の隠居御殿の吹上御殿に参上して、「源氏物語若紫」を講釈し、夜になって「古今集俳諧部」を講釈している。十六日にも再び吹上御殿に招かれ、「古今集真名序」・「古今集仮名序」を講釈している。なお、この十六日の講釈は予定に無かったものらしく、宣長は「吹上御殿へ参候儀、去ル十二日一日切之御積リ之所、又又今日一度参上仕候様、重而被仰出候也」と記している。すなわち、講釈の直前にその短縮を望んだ藩主治宝とは対照的に、清信院は宣長の国学に対して、かなり積極的に対応していたことがわかるのである。

なお、この寛政六年の宣長の来和は、彼の和歌山における門人の数に飛躍的な変化をもたらした。前掲の門人分布を見てもわかるように、紀州での門弟は全部合わせて十六人であり、彼がこの年に来和するまでに鈴門を潜った紀州人は前述の寛政二年入門の二人と寛政五年の上野喜右ヱ門易詮の合計三人に過ぎなかった。しかし、彼がこの年和歌山を訪れたことが大きな要因であろうが、寛政六年には紀州における全門人の三分の一を越える六人の紀州人が入門している。この年入門した紀州人をその肩書きで見ると、紀州藩士二人と神官四人である。上野が藩士である明証は無いので、この年までに入門した紀州人は都合九人となり、その内訳は藩士四人、神官四人、不詳一人となる。

宣長は和歌山滞在中に、その旅宿で多くの城下町の人々を集めて、講釈を何度も開催している。しかし、そのような町人達が鈴門に入門するのは、これよりのちの宣長の晩年のことである。すなわち、町人学者宣長は松阪において多くの町人や周辺の豪農層に支えられて発展してきたが、その他地方への波及は、権力者上層部の意向と、それを帯した人々からなされていったことがわかるだろう。(9)

このことから、先に提起した飛び地状の門人分布も状態も、ある程度理解することが出来るだろう。すなわち石見国に宣長は二十人もの門人を得ているが、そのほとんどが浜田藩士であり、藩主松平周防守康定《やすさだ》は、自ら伊勢に宣長を訪ねるほどの熱烈な宣長の支持者だったのである。(10) このような藩主の存在こそが、石見国での門人増加を促したことは明らかであろう。そして、このような傾向が紀州においても見てとれるのである。

寛政六年に次ぐ宣長の和歌山召し出しは、寛政十一年であった。この年は正月二十四日に和歌山に到着した。前回同様に、紀州藩重役たちへのあいさつ廻りがなされたが、その間の二月四日には、清信院の隠居御殿である吹上御殿に参上し、「御くわし」を拝領しており、七日には清信院から酒や硯が宣長の下に届けられている。藩主治宝への御前講釈は、二月十三日に当初予定されていたが、諸般の事情で十七日に大奥御対面所で「源氏物語」が行われた。そして、今回も二十二日に吹上御殿で清信院に「万葉集」や「源氏物語」が講釈されている。和歌山を出発する前日の二十三日には、宣長が吹上御殿に参上して、清信院へのお礼言上を行っている。すなわち、寛政十一年の和歌山召し出しの際も、宣長の行動は藩主治宝よりも清信院を中心にしていたように見てとれるのである。

清信院は、この約一年後の寛政十二年二月三日に八十三歳の生涯を閉じる。その年の十一月に、宣長は三度目の御前講釈のため、和歌山を訪れている。このときも松阪から伊勢路を採って和歌山に入っている。しかし、このときは前二回の和歌山旅行の行程が四日であったのに対し、五日を費やしている。[11] 前二回が和歌山到着の前泊地から一気に和歌山城下に到着しているのに対し、寛政十二年は城下に程近い岩出に前泊しているのである。寛政十二年といえば、宣長が没する半年前のことであり、晩年の宣長の体力を配慮して、このような旅程が組まれたのかもしれない。しかし、この旅においても一日の行程がかなり長駆に及んでいるにもかかわらず、五日目の行程はわずかに三里半である。もし、宣長の体力に配慮するならば、四日目と五日目の行程をほぼ同じように分配すべきであっただろう。このように考えたとき、この旅における和歌山到着の前泊地である岩出に、何らかの意味があったとしなくてはならないだろう。

宣長が宿泊した岩出の地には、古刹根来寺が所在していた。この根来寺こそが、和歌山に移り住んで後の清信院が、その半生をかけて復興に取り組んだ寺院なのである。[12] しかも、彼女はその死を予見してか、その前年の寛政十一年に多くのゆかりの品を、木製の厨子と真鍮製の厨子の二基にこめて、根来寺に奉納しているのである。さらに、彼女の終の棲家となった吹上御殿は、まさしくこの根来寺に移築されることになるのである。このような経緯を考慮すれば、このときの宣長の岩出投宿は、まさしく藩主治宝以上に自分に理解を示してくれた清信院を、ゆかりの根来寺に偲ぶ目的があったと見るのは、あながち穿ちすぎた解釈だとも言い切れないだろう。

三　清信院と本居宣長

宣長の和歌山での動向を分析し、彼の紀州藩召抱えの背景に、藩主治宝以上にその祖母清信院の存在が、大きな要因であることを推定してきた。それでは、清信院という女性とはどのような人物なのであろうか。そして彼女は、宣長とどのように関係しているであろうか。以下、このことに焦点をあてて考察することにしたい。

清信院は、先にも述べたように、八代藩主重倫の生母で、七代藩主宗将の側室である。その彼女の経歴については、『南紀徳川史』巻十三に彼女の略歴が掲載されている。それによると、彼女は公儀寄合御医師吉田意安の娘として、享保三年八月十日に生まれている。その父が幕臣であることから、彼女はおそらく江戸の生まれと思われる。後に八代藩主となる重倫を延享三年（一七四六）に生んでいることから、この年以前に六代藩主宗直《むねなお》治世下で、その宰相であった嫡子宗将の側室になったのであろう。宝暦七年（一七五七）に宗将は七代藩主を襲職するが、明和二年（一七六五）に死没する。これによって彼女の生んだ重倫は八代藩主となり、伴侶をなくした彼女は清信院を号した。その三年後の明和五年に、彼女は江戸から和歌山に移り住んだ。時に彼女が四十八歳の晩秋のことであった。

彼女の江戸発駕は、その年の九月二十三日のことで、道中で江ノ島・鎌倉・伊勢神宮に立ち寄って、十月二十三日に和歌山城に到着している。このことから、彼女は東海道から伊勢路を経て、和歌山にいたったことがわかる。明和七年に西の丸に居を移すが、安永五年（一七七六）四月五日に城外の吹上御殿を新造して移り住み、そこを終の棲家とすることになる。この吹上御殿への移住は、前年に藩主であり実子である重倫が幕命によって隠居することになり、紀州藩の支藩である伊予西条藩から松平頼淳を、九代藩主治貞として迎えたため、城中にいることがはばかられたからであろう。そして、その治貞の死を寛政元年に確認した後、孫の十代藩主治宝の治世下の寛政十二年に実子の重倫に見守られながら八十三歳の生涯を閉じた。

以上が、『南紀徳川史』から知ることの出来る彼女の生涯である。これによっても、彼女の趣味や興味を知ることは出来ない。ただ、前述した彼女が根来寺に奉納した数々の遺品から、彼女が極めて文学性の高い生活を送っていたであろうことは、容易に推測できる。それでは彼女の文学性はどこに起因するのであろうか。

『本居宣長稿本全集』第一輯五八一頁に、しげき子という女性に宛てた賀茂真淵の六月十九日付書状が収められている。それによると、次のような一節が記されている。

紀伊の今の侯の御母君を、清信院と申せり、むかしより、御歌は、おのれが教へまいりて、よに御心ざしふかく、

何にても、おのれが申事はなして給はりぬ、さてこの秋は、紀伊国へおはします也、

この書状は、「この秋は、紀伊国へおはします也」との文言があることから、清信院が江戸から和歌山に出発する明和五年のものであることがわかる。そして、その書状の中で、賀茂真淵は、彼女を和歌の弟子であると明言し、しかも「御心ざしふかく」と極めてその道に造詣が深いと評価しているのである。(13) 賀茂真淵をして、このように評価せしめるほどに、彼女の古典文学への素養は高いものがあったのである。

果たして、真淵全集に収める「県居門人録(14)」には、「紀伊御部屋　是は瀬川までいふ、八重の方　今清信院といふ」と記されている。まさしく、清信院は賀茂真淵の門人だったのである。しかも、「八重の方　今清信院といふ」とあることから、彼女が伴侶を喪う以前から県居門に入門していたことは明らかであろう。さらに彼女から瀬川に至るまでの複数の紀州徳川家の側室たちが列記されていることから、この前後の紀州徳川家の側室達は、挙って県居門を潜っていたものと考えられる。このように理解するならば、清信院の県居門への入門は、おおよそ延享年間初年以前の頃であると見ることができるだろう。

一方、本居宣長は宝暦十三年五月二十五日、奈良巡覧のため松阪を訪れた賀茂真淵と初めて対面している。(15) そして、およそ半年後の明和元年正月に江戸の賀茂真淵に誓紙を提出して自ら県居門に入門しているのである。すなわち、清信院と宣長は、ともに県居門の門人であり、先輩と後輩の間柄にあったのである。

もちろん、二人が県居門の同門であったとしても、互いに親しい間柄であったとはいえない。本居宣長は松阪在住の門人で、師の真淵とは書簡による交信がもっぱらであった。八重の方は側室とはいえ、紀州江戸屋敷の深窓に住む貴人なのである。しかし、二人は真淵を通じてお互いの存在を意識していたのではないかと思われるのである。そのことを、清信院の江戸から和歌山下向の旅程が推測させてくれるのである。

彼女の和歌山下向は、先にも確認したように東海道から伊勢路を経て和歌山に至っている。ところが、彼女の和歌山下向を前後する紀州藩主の参勤交代は、ほとんど伊勢路を通ることが無いのである。それにもかかわらず、彼女

は敢えて伊勢路を通っているのである。これは前後の紀州藩の状況から考えると、非常に不自然なことである。もちろん、国学に造詣の深い彼女が、皇祖神伊勢神宮を参拝したかったという見方も可能であろう。事実、この旅で彼女が立ち寄った場所として、江ノ島・鎌倉・伊勢神宮を列記しているのである。

しかし、彼女に行った宣長の寛政六年と寛政十一年の講釈内容を見ると、いずれも「源氏物語」や「古今和歌集」に関する文学作品であり、本居国学の一方の柱ともいうべき神道関係資料の講釈が一切無いのである。このように考えるならば、彼女の伊勢参宮は彼女の国学趣味の発露ではなく、純然たる遊山であったとするべきであろう。それでは、前後の紀州藩の慣例を破ってまで、伊勢路を用いる理由はどこにあったのだろう。私は、それこそが松阪に在住する本居宣長を意識したものではなかったかと思うのである。

この推測を裏付けるように、宣長の日記の明和五年十月十一日条に、「殿の御実母清信院殿、自江戸隠居于若山、御引越之序御参宮、今夕当初御城御一泊」と見える。すなわち、清信院は伊勢路をとったこの旅程で、間違いなく松阪に投宿しているのである。そして、宣長自身が、そのことを詳しく日記に記しているのである。

もちろん、このことをもって、このとき宣長と清信院が対面を果たし、親しく歓談したと断言することは出来ない。しかし、清信院が和歌山下向の経路に伊勢路を取った特異さ、松阪に投宿しているという事実、そして宣長がそのことを日記に特筆した事実、これらは、彼女と宣長が県居門の同門として、互いに意識しあっていたことを示す十分な状況証拠であろう。

むすびに

小稿は、国学の大成者である本居宣長が、紀州藩に召抱えられる要因をあきらかにするべく考察を行ってきた。その結果、紀州藩上層部の彼に対する認識の変化は、十代藩主治宝の登場が大きな要因であったと考えた。しかし、その治宝以上に彼を理解し、彼の紀州藩召抱えの大きな要因となった人物が、治宝の祖母に当たる清信院であるという事実を、宣長の和歌山における動向から推定した。さらに、彼女がそれほどまでに宣長に傾倒した背景として、彼女と宣長がともに賀茂真淵の県居門の門人であったことを指摘した。それゆえに、明和五年の彼女の和歌山下向の頃に、お互いにお互いを意識する存在となっていたことを指摘した。化政期の文化に、大きな足跡を残した十代藩主治宝は、紀州の近世史を語る上で、非常に大きな存在である。しかし、彼以外にも紀州の近世文化を支えた人物が確かに存在していたことを忘れてはならないだろう。ここで論じてきた清信院は、化政期に先立つ人物であったが、国学の大成者本居宣長の生涯を語る上で、治宝以上に巨大な存在であったと思われる。

ところで、小稿を閉じるに当たって、最後に私たちは新たな命題に遭遇することになる。それは、明和五年頃から県居門の門人として、清信院と宣長が互いに意識しあっていたというのであれば、何ゆえ紀州藩上層部の宣長への認識の大変革が、寛政二年であり、その召抱えが寛政四年なのであろうか。

それは、先にも述べたように藩主治宝の登場そのものであろう。しかし、それ以前の治貞は、天明七年に宣長から『玉くしげ』の献上を受けていたにもかかわらず、何の反応も示すことはなかったのである。この時点で、清信院は宣長を意識しつつ和歌山の吹上御殿で生活していたはずである。このように考えると、伊予西条松平家から養子として紀州藩を相続した治貞に対しては、清信院の影響は届かなかったものと考えるべきであろう。ここに、近世大名家における女性をも含めた血縁に基づく家族制度のあり方が示されているといえるだろう。一方、『玉くしげ』に反応を示さなかった九代藩主治貞は、決して凡庸な為政者ではなかった。彼は、「肥後の鳳凰」と称される熊本藩主細川重賢《しげかた》と並んで、「紀州の麒麟」と讃えられた当代屈指の名君であった。[16] 財政再建のため、武家社会においては画期的な「半知借上げ」[17]を断行し、窮民対策として積極的に「お救い普請」を実施するなど、藩政に目を見張るほどの足跡を残している。

しかし、彼はその政治方針を「以仁為本」とし、多くの儒学者を登用し、儒教に基づく藩政を展開した人物であった。この儒教こそは、宣長が追い求めた「やまと心」に対峙する「唐心」そのものなのである。宣長が献上した『玉くしげ』

は、日本古典から窮民対策を論じ為政者の心構えを説いた著作である。儒教を否定的に見る宣長の著作が、儒教による藩政を推し進めようとする治貞に受け入れられることはなかったといわなくてはならないだろう。だとすれば、寛政元年の治貞の死と治宝の登場は、儒教的な治貞と国学的な治宝の交代劇であり、近世後期の和歌山文化の大きな曲がり角であったと評価することが出来るであろう。

注

(1) 宣長は、その著『うひ山ふみ』において、国学の分野を、一、未知の学問すなわち思想、二、有職故実の学問、三、史学、四、文学、として分類している。

(2) 宣長の生涯については、城福勇『本居宣長』(吉川弘文館人物叢書、一九八八)による。

(3) 本書献上の経緯については、紀州藩主徳川治貞からの直接の下問に応えた行為ではなく、藩勘定方小役人(服部中庸)の勧めで奉ったものと推定される(筑摩書房『本居宣長全集』第八巻所収、「秘本玉くしげ」の解題)。

(4) 『本居記念館名品図録』(同館、一九九一)の「重要文化財玉くしげ　稿本二冊」の解説(担当小泉祐次)において推定されている。なお、服部中庸の事跡については、「国学者服部中庸を紹介」(服部哲雄『北畠氏の哀史』北畠神社、一九八八)に詳しい。

(5) 本居記念館所蔵の「済世録第三冊」の安永九年七月条には、安永五年九月二十九日に和歌山から松阪に着任した御両役奉行兼船奉行の小野藤右衛門が、宣長の診察を受けたことが記録されている。

(6) 鈴木淳校訂「校本授業門人姓名録」(鈴木淳等著『本居宣長と鈴屋社中』錦正社、一九八四)から作成。

(7) 徳川治貞をはじめ紀州徳川家の人々の経歴は、特に断りのない限り『南紀徳川史』の諸伝による。

(8) 和歌山における宣長の動向については、『本居宣長全集』第十六巻所収の和歌山訪問関係の史料によった。ただし、適宜玉村禎祥『宣長大平旅日記』(近畿文化誌刊行会、一九八五)を参照した。

(9) 中岡正行「鈴門の階層」(前掲『本居宣長と鈴屋社中』所収)によると、門人もしくは門人と推定出来る人物五二一人を階層別に分類すると、武士・神職が、一六六人でその比率が三一・九%であり、町人・農民が二五二で、その比率は四八・四%となる。しかし、宣長の膝元である伊勢の門人を除いた階層分布は、全門人三〇一人となり、そのうち武士・神職は一一〇人でその比率は三六・五%となり、町人・農民は一二三人でその比率は四〇・九%となる。賀茂真淵の門人に占める武士・神職の比率が一二三人中二三人でその比率が一八・七%であることから、鈴門に占める武士の比率がいかに高いものであるかがわかる。

(10) 『本居宣長稿本全集』第一輯、九二五頁によると、松平康定は「宣長ヲ信ズルコト篤ク、其臣岡田元善、小篠敏等ノ鈴門ニ入レルモ、其ノ命ニヨルトゾ」と評されている。また、寛政八年には伊勢で両者が対面を果たしている。

(11) 寛政六年の和歌山への旅は、十月十日松阪出発七日市泊、十一日わしか泊、十二日橋本泊、十三日和歌山到着。寛政十一年のそれは、正月二十一日出発阿保泊、二十二日長谷泊、二十三日橋本泊、二十四日和歌山到着である。これに対して、寛政十二年のそれは、十一月二十日初阿保泊、二十一日長谷泊、二十二日五条泊、二十四日和歌山到着である。

(12) 根来寺と清信院の関係及び彼女が根来寺に奉納した品々については、和高伸二「根来寺の光安院日記」(『根嶺学報』二号、根来寺文化研究所、一九八三)に詳しい。

(13) 中村幸彦「紀伊殿の閨秀歌人達」(『中村幸彦著述集』第十二集、中央公論社、一九八三)では、宣長・清信院がともに賀茂真淵門下であることを指摘しておられ、大変参考になった。ただし、清信院らが紀州徳川家大奥に入った背景として、七代藩主宗将の正室として、伏見宮徳子が江戸屋敷に迎えられたことを指摘しておられる。しかし、紀州徳川家の当主は一般的に同宮家から正室を迎えることになっており、そのことを大きな要因とすることはできないであろう。このように考えるなら、江戸中期の古典研究の潮流、ないしは徳子あるいは清信院の個性にその要因を求めるべきであろう。

(14) 前掲『本居宣長稿本全集』第一輯、五八一頁引用史料による。

(15)『本居宣長全集』十六巻所収「日記壱」同日条によると、「岡部衛士(賀茂真淵)当所一泊、始対面」と記している。

(16) 亀井南冥が天明二年に著した『肥後物語』(日本経済大典所載)に詳しい。

(17) 天明七年九月十八日に施行された紀州藩の財政再建策。知行の五割を減額し、支出を抑制し、藩の財政を再建しようとした政策。内容については、『和歌山市史』第二巻第四章に詳しい。武士の俸禄は本来「奉公」に対する「御恩」として理解されてきた。それに対してその俸禄を半減させるということは、この関係を一分大きく変革させることを意味しており、まさしくコペルニクス的転回と評価することが出来るだろう。

第二節　本居宣長と敷島の歌

はじめに

本居宣長は、寛政四年（一七九二）に紀州藩に召抱えられた町人国学者である。(1) 国学の基礎を築き、多くの門人を育てたことは有名である。三重県松阪市の本居記念館には、重要文化財本居宣長六十一歳自画自賛像がある。(2) 宣長還暦のおのが姿を描き、その天に次のような自賛が認められている。

これは宣長六十一、寛政の二とせといふ年の、秋八月に手つからうつしたるおのか丶たなり、

筆のついてに

しき嶋の　やまとこゝろを　人とハ丶　朝日にゝほふ　山さくら花

宣長を語るとき、ここに認められた敷島の歌は、不可欠な和歌ということができるだろう。しかし、私は、この和歌に対して、以前から若干の疑問を持っていた。その第一は、宣長の私歌集である『鈴屋集』に、この和歌が収められていないことである。宣長は、吉川義信が描いた肖像に、この和歌を好んで賛したことがよく知られている。(3) それほどまでに、彼が好んだこの和歌が、彼自選の和歌集に収められていないのである。

第二は、この敷島の歌の解釈である。この和歌は、戦前軍国主義の宣揚に用いられた。昭和十九年（一九四四）にフィリピン方面で、神風特別攻撃隊が初めて組織されたが、その指揮下五隊の内四隊の名前は、敷島隊・大和隊・朝日隊・山桜隊であった。(4) この命名を見てわかるように、明らかに敷島の歌が、その隊の命名の根底にあったと思われる。また、戦前の軍隊で謳われた軍歌「同期の桜」にも、「貴様と俺とは同期の桜（中略）みごと散りましょう国のため」という一節がある。さらに、昭和十九年に考案された有人誘導ミサイルも、その名称は「桜花」であった。

桜を愛した宣長の和歌が、このように若者を死地に追いやる一因とされたため、戦後、宣長に対する一種の偏見がうまれてしまったといっても過言ではないだろう。しかし、私にはこのような軍国主義宣揚の意識と、桜を愛した宣長の意識に通底する因子があるとは、到底考えられない。

敷島の歌を正確に解釈することによって、戦中に形成され、戦後の偏見の要因となった因子を取り除くことができるのではないだろうか。小稿は、このような疑問を出発点として、宣長が詠じた敷島の歌を、再検討しようとするものである。

一　宣長と敷島の歌

敷島の歌は、先述のとおり、宣長還暦の自画像に添えられた和歌である。彼の生涯の作歌を網羅した『石上稿』詠稿十六の「寛政二庚戌年詠」にも、「おのかかたを書てかきつけたる歌」の題詞のもとに、「敷しまの倭こゝろを人とはは朝日ににほふ山さくら花」と記されている[5]。自画像の和歌と用字の若干異なるところがあるが、同じ和歌である。この『石上稿』は、宣長生涯の作歌を、制作年順に網羅したものである。そして、その和歌のうち、宣長が自ら佳作と認識した和歌の行頭に「○」を付している。そのため、『石上稿』において「○」を付された和歌は、後に彼が編んだ『鈴屋集』にほとんど収められている。

『石上稿』に収められた敷島の歌の行頭には、たしかに「○」が付されていない。したがって、敷島の歌は『鈴屋集』に収載されなかったのである。私の第一の疑問は、これによって容易に氷解したかに見える。しかし、宣長は、自分の肖像に好んでこの歌を賛しながら、なにゆえこの和歌の行頭に、あえて「○」を付さなかったのであろうか。このことが、さらなる大きな問題に感じられるのである。

この問題に対して、本居記念館では一つの試論を提示しておられる[6]。その箇所を抄引しておこう。

この歌（敷島の歌）は、宣長の自画像を初め、その肖像にはよく書かれているのに、不思議なことに、自選歌集『鈴屋集』には載っていない。
人から頼まれたら書くのだから、この歌は自信作であったはずだが、どうして歌集に載せなかったのか。一つの見方として、私は、宣長は自分からこの歌を離したくなかった、歌集の中に埋もれさせたくなかったのではないか。だから自分といつも一緒つまり画像か、もしくは独立した半切などの紙にのみ書いたのではないかと考える。いかがでしょうか。

なるほど、宣長と不可分な和歌であるからこそ、『鈴屋集』に収められた他の多くの和歌の中に埋没させたくはなかったというのである。この解釈によって、自分の画像にはこの和歌を賛として認めながらも、自選の歌集に収録しなかった理由も了解することができる。しかし、もしそうだとするならば、そしてそれほどまでに気に入った和歌であるならば、歌稿である『石上稿』にこの和歌を記した際、佳作として「○」を付しておいてもよさそうなものではないだろうか。

私は、以前この敷島の歌に言及したことがあった。(7) 小稿であつかう第一の疑問は、そのとき以来のものであった。その際、私は次のように述べた。

彼はここで（『石上稿』）、自選の佳作には○印を付しているにもかかわらず、この「敷島の」の歌にはその印が見えない。このことから、この「敷島の」の歌は、宣長にとってそれほど秀作として意識されていなかったようである。

このように考えたならば、宣長が『石上稿』でこの和歌に「○」を付さなかった理由は、容易に理解できる。しかし、このように考えた場合でさえも、さらに新たな疑問が生じて来るのである。まず、宣長がこの敷島の歌を佳作ではないとした最大の理由は何であるのか。そして、自ら佳作とは思わなかったこの和歌を、なにゆえ自分の画像に好んで認めたのであろうか。宣長の意識の中に、敷島の歌に対して、「佳作ではない」という結論と、人に知ってもらいたいという、一見矛盾した意識が存在したことになるであろう。そこで、まずこの和歌を解釈してみよう。

大和心とはどういうものかと質問されたならば、朝日にかがやく山桜の花のようなものだと、宣長は述べているのである。すなわち、大和心を山桜花に比喩しているのである。比喩であるから大和心＝山桜花ではない。それでは山桜花のどのようなところが、大和心なのか、という問題になる。このことについては、後に改めて論じることにするが、大和心の有様を最も的確に宣長が指し示した和歌なのである。

周知のとおり、大和心は宣長が生涯をかけて追究した大命題である。そして、この和歌を詠んだ寛政二年以後も、彼は大和心を追いつづける学究でありつづけたのである。すなわち、敷島の歌は寛政二年の還暦にあたって詠じられた。しかし、その寛政二年という時は、大和心を追いつづけた学究である宣長の一つの通過点に過ぎなかったのである。もし、この敷島の歌に「〇」を付して佳作であると認めてしまえば、それは宣長の研究が到達点に達したことを意味してしまうのである。それゆえに、敷島の歌を佳作と断じることが出来なかったのではないだろうか。

しかし、宣長にとっての敷島の歌は、大和心を追究する学究としての宣言でもあったと思われる。還暦以後も、なお精力的に大和心を追究することを自覚するためにも、還暦のおのが姿にこの和歌を認めて、さらなる学究であり続けることを自らに課したのであろう。佳作ではない、しかし、人には披瀝したい、この一見矛盾した問題は、宣長の大和心を追及する厳しい研究態度から生じたものであろう。

二　軍国主義と敷島の歌

明治二十年（一八八七）、大和という名の一隻の軍艦が就航した。初代の戦艦大和である。二代目は周知のように、昭和二十年に東シナ海に沈没した巨大戦艦大和である。明治三十三年、この年二隻の戦艦が就航している。敷島と朝日である。(8) いずれも、敷島の歌に謳われた文言である。しかし、これらは宣長の敷島の歌から取られたのかどうかは判然としない。日本海軍の艦船の名称は、古くからの和歌に謳われた名所やその歌枕から命名されることが多かった。それらの古語が、敷島の歌の字句に一致するのは、むしろ当然のことかもしれない。しかし、昭和十九年にフィリピン方面で組織された神風特別攻撃隊指揮下の敷島隊・大和隊・朝日隊・山桜隊は、敷島の歌に謳われた文言が、一挙に一組となってあつかわれており、明らかに宣長の敷島の歌を意識していたことは間違いないだろう。

昭和十九年十月のレイテ沖海戦に敗北し、大量の航空兵力を消耗した海軍航空隊は、その劣勢を挽回すべく、大西瀧治郎海軍中将の発案で特別攻撃隊を組織した。[9] 初出陣は同年十月二十一日であった。「神風」は、元寇に際して吹き荒れた暴風をさしていることは間違いないだろう。また、その下に組織された四隊が、いずれも敷島の歌に詠み込まれた文言を隊名としていることから、それを意識していたことも間違いないだろう。しかし、この攻撃隊を組織させた大西中将が、宣長の敷島の歌をどれほど正確に理解していたかということは、まったく別の問題である。

特別攻撃隊は、敵艦に自爆攻撃することから、当時の新聞報道でも「必中必死」と書きたてられた。[10] すなわち、死ぬことが前提の作戦であった。死ぬこと、それは散ることに置き換えることができる。ちょうどこのころ、軍隊で謳われた「同期の桜」も兵を桜に比喩して、「みごと散りましょう国のため」と記しているのも、その証左であろう。そして、散ることを運命付けられた桜を、最も印象深く詠じた和歌が、宣長の敷島の歌だと思われたのであろう。それゆえに、有人誘導ミサイルとして開発された航空兵器にも「桜花」という名称が付与されたのである。

たしかに、桜は散ることを運命付けられている。それゆえに、桜のように潔く兵に死ぬことを求めるには、格好の題材であったかもしれない。戦争中に戦意高揚のために出版された書籍の中には、敷島の歌を引用した例が見られる。次の一文もその一例である。[11]

日本の武士は決して死をおそれませんでした。うまく生きのびようとするよりもどうして立派な死にようをしようかと考えている武士は、死ぬべき時が来ると桜の花のようにいさぎよく散っていったのです。だから、本居宣長という人は、

敷島の大和心を人とはば朝日ににほふ山桜花

という歌を歌って、日本人の心は朝日に照りかがやいている桜のようだといったのです。

このように、散ることを運命付けられた桜の花のように、兵に散ること（＝死ぬこと）を求め、それが大和心（＝大和魂）だと説明しているのである。敷島の歌は、桜を見事に詠んでいる。それゆえに大和心を都合よく理解させるには、最適の和歌であったと思われる。たしかに、桜は散ることを運命付けられている。しかし、宣長が大和心に比喩した桜は、朝日に照らされて匂うがごとく咲き誇る山桜花なのである。敷島の歌には、散る桜は詠まれてはいないのである(12)。

もちろん、桜である以上、必ず散るはずである。そのことをもって、敷島の歌には散ることを前提とした意味がこめられていると理解する人がいるかもしれない。しかし、散るのは桜でなくても、どの花でも同じことである。そのような普遍的な現象を、山桜花に宣長が求めたとは考えられない。すなわち、宣長は、散る桜ではなく、咲き誇る桜に大和心を比喩したのである。それを、兵に散ることの美学を示す和歌として、理解させようとすることは、あまりにも牽強付会というべきであろう。

三　宣長のみた桜

宣長は、寛政二年段階で大和心を、山桜花に比喩した。朝日に照らされて匂うばかりの山桜花が、大和心に通じるものがあると見たのである。それでは、宣長は山桜花のどこにそれを見たのであろうか。そして、宣長がそのように感じた桜とは、どのような桜だったのであろうか。このことを理解できた時、軍国主義下で利用された宣長の敷島の歌に対する不当な誤解は払拭されるのではないだろうか。

軍と国家は、兵を桜にたとえ、彼らにともに兵となり（＝咲き）、ともに死ぬ（＝散る）ことを求めた。たしかに桜前線の到達とともに、一斉に満開を呈し、数日にして一斉に散り果てる桜は、一斉に兵学校を巣立ち、ともに死地へ赴く兵たちに似ている。それは、軍と国家が兵に求める規範を象徴するものであっただろう。それでは、なぜ桜前線の到達によって、一斉に満開になるのだろうか。

桜前線を形成する桜の品種はソメイヨシノである。ソメイヨシノは、現在日本を代表する品種である。大正元年

（一九一二）に東京市長尾崎行雄《ゆきお》が米国に贈り、現在ポトマック河畔の桜並木として有名になっている桜の多くは、このソメイヨシノであり、日本を代表する桜の品種として認識されている。

しかし、このソメイヨシノは幕末から明治維新にかけて、江戸の染井村（現東京都豊島区駒込）の植木職人によって、エドヒガン系とオオシマサクラを交配して生み出された新しい園芸品種である。[13]ただ、この品種は、実を結ばないことから、その増殖は接木で行われる。したがって、ソメイヨシノは全国的に分布しているにもかかわらず、すべてが同じ木から接木されたものであり、同じ遺伝子を有していることになるのである。それゆえ、ソメイヨシノが育成している地域が、同じ気温になり、同じ日照時間になれば、その地域のソメイヨシノは一斉に満開になるのである。すなわち、ともに咲き、ともに散る桜とは、ソメイヨシノの極めて大きな特徴なのである。

しかし、享和元年（一八〇一）に没した宣長が、このようなソメイヨシノを見ることは出来なかったはずである。それでは、宣長はどのような桜を見て、その桜のいかなるところが、大和心に比喩できると考えたのであろうか。宣長が、大和心に比喩した桜は、彼が詠じた敷島の歌の中に「山桜花」と明記されている。すなわち、彼はソメイヨシノではなくヤマザクラを大和心に比喩したことが明らかなのである。

ヤマザクラは、通称吉野桜と呼ばれており、大和吉野がその名所である。明和九年（一七七二）三月五日から十四日までの十日間、四十三歳の宣長は、友人・門人を同行して飛鳥・吉野を調査旅行している。[14]ヤマザクラの満開の時期を逸したようであるが、その旅日記『菅笠の記』には、その旅の詳細が記されている。[15]

そして、その翌年彼は重要文化財本居宣長四十四歳自画自賛像を描いている。[15]構図は文机越しに、鈴屋衣を着た宣長が端座して、大きな瓶にさした桜の花を眺めているものである。花とともに葉が枝に描かれていることから、これが山桜であることがわかる。そして、次のような賛が認められている。

めつらしき　こまもろこしの　花よりも　あかぬいろ香は　桜なりけり

こは、宣長四十四歳のとしの春、ミつから此かたを物すとて、かゝミに見えぬ心のかげをもうつせるかたそ

吉野方面調査旅行の翌年春に、彼は山桜を描いているのである。また、『鈴屋集』や『石上稿』にも、山桜を詠んだ和歌を多く収めている。これらのことから、宣長にとっての桜とは、山桜に他ならなかったといえるであろう。それでは、宣長をして大和心に比喩せしめた山桜の特徴とは、いったい何だったのであろうか。

本居宣長四十四歳自画自賛像の和歌は、朝鮮半島（＝こま）や中国大陸（＝もろこし）の珍しい花よりも、日本の桜は見飽きることのない色と香りを有している、と詠んでいるのである。大和心を追究した宣長は、それまで日本文化形成に大きな影響力を与えた朝鮮・中国とは異なった、固有の日本らしさを求め続けた。そして、朝鮮半島や中国大陸には、たしかに素晴らしいものがあるが、それにも劣らないものが日本にあると訴えているのである。

宣長のこのような理解の影響を受けて、戦前には、桜が日本固有原産種であるとの説が出されたこともある。しかし、現在ではその原産地は中国大陸南部であるとされている。近代生物学の成果を承知していない宣長の責任ではないだろう。むしろ、平安時代以後の和歌文学で盛んに題材とされた桜は、生物学上の日本固有種ではないとしても、それを愛でる意識の中に、日本固有の価値観があると宣長は考えたのであろう。

山桜は、早春の野山に自生して花を咲かせる。そのころ、野山は新緑に包まれる。杉も檜も、秋に紅葉する楓さえも緑に染まる。しかし、その新緑一面の中で山桜は赤みを帯びた花を咲かせるのである。それは、一面の新緑の中にまったく異なった個性を主張しているかのようであろう。杉も檜も楓も、それぞれ有為な樹木である。しかし、その中にあって、それらとは異なった個性を主張する山桜の独自性、これこそが他の民族と異なった日本固有の個性であり、大和心に比喩されるべき特徴だと宣長は主張しているのであろう。

おわりに

小稿は、本居宣長が還暦に際して詠じた敷島の歌に関して、私の抱いた二つの疑問について論じてきた。第一の疑問は、彼が好んだと思われるこの和歌が、彼自選の『鈴屋集』に収められていないことである。これに対しては、大和心を終生追求し続けた彼にとって、大和心を山桜花に比喩したこの和歌を、自ら佳作と認めることができなかったと考えた。なぜならば、彼はこの和歌を詠じた後も、大和心を真摯に追求し続ける学究であり続けたからであり、そこに彼の研究に対する厳格な態度を確認した。

第二の疑問は、この和歌が戦争中に戦意高揚に利用されたことと、宣長がこの敷島の歌に託した心情に、通底するものがあるかどうかという問題である。これに対して、この和歌が戦争中に確かに戦意高揚に利用されたことを確認するとともに、それがこの和歌を正確に理解した結果ではなかったことを明らかにした。

軍と国家は、ソメイヨシノのように、一斉に咲き、ともに散る桜を、兵の規範として求めたが、宣長が大和心に比喩した桜は、明らかに山桜であることを指摘した。そして、早春の全山新緑のころに、他の草木とは異なり、赤みを帯びた花を咲かせる山桜の独自性の中に、日本固有の個性のあり方を比喩したものであろうと考えた。

ただ、誤解のないように付け加えるならば、宣長は山桜に比喩した大和心の優越性を賞賛しているのではない。こま・もろこしの花を珍しいものとして、その個性を十分に認めた上で、宣長自身が「飽かぬ色香」と思われるのは、日本の山桜であると主張しているのである。他者の個性に埋没してしまうことなく、日本の個性を再確認することを訴えているのであり、決して他者への優越性を鼓舞しようとするものではないのである。

注

（1）本居宣長の紀州藩召抱えの経緯については、拙稿「本居宣長紀州藩召抱え前史」（『和歌山市立博物館研究紀要』十六号、二〇〇二、本章第一節）参照。

（2）本居宣長記念館『名品図録』（同館、一九九一）、六頁。

（3）城福勇『本居宣長』（吉川弘文館人物叢書、一九八八）参照。

（4）猪口力平他著『神風特別攻撃隊』（新人物往来社、一九五二）参照。また、『毎日新聞』昭和十九年十月二十九日付の記事によると、「敷島の大和心を人問はば朝日に匂ふ山桜花、この古歌に歌はれた日本精神が燦としてフィリピン沖海戦に輝いた」と報じるとともに、「神風隊の中には古歌に因んで敷島隊、大和隊、朝日隊、山桜隊、それに楠公の精神をくんだ菊水隊の五隊がある」とも報じている。

（5）『本居宣長全集』第十五巻（筑摩書房、一九六九）所収。

(6)「ようこそ宣長ワールドへ」(hppt://www.norinagakinenkan.com/top.html)の「敷島の歌はなぜ『鈴屋集』にのらないか」の解説による。
(7)拙稿「本居宣長肖像」(『和歌山市立博物館研究紀要』三号、一九八八)参照。
(8)新人物往来社戦史室編『日本海軍艦艇総覧』(新人物往来社、一九九四)参照。
(9)猪口他前掲書(注4)参照。
(10)『毎日新聞』昭和十九年十月二十九日付の記事によると、「忠烈の極・神風特別攻撃隊」・「愛機に施す特殊爆弾、必中必死、敵艦体当たり、皇国危急絶対不生還」などの見出しで、その行為を賞賛している。
(11)白井勇『大日本国体物語』(博文館、一九四〇)参照。
(12)大貫恵美子『ねじ曲げられた桜』(岩波書店、二〇〇三)参照。
(13)佐藤俊樹『桜が創った日本―ソメイヨシノ起源への旅』(岩波新書、二〇〇五)参照。
(14)『菅笠の記』同年三月八日条には、「そもそも此山の花は、春立る日より、六十ごにちにあたるころほいなん、いづれのとしもさかりなると」と記しており、宣長は吉野の山桜の開花時期を調べた上で旅行に出発していることがわかる。この旅行の目的のひとつが吉野の山桜見物であったことは間違いないだろう。
(15)本居宣長記念館『名品図録』(前掲注2)、五頁。

第三節　本居大平と和歌山

はじめに

本居国学における宣長の後継者である本居大平《おおひら》は、宝暦六年（一七五六）伊勢松阪の豆腐商稲掛棟隆の子として生まれ、十三歳の明和五年（一七六八）に鈴屋に入門を許されている。[1]以後、才覚を発揮し、鈴門の俊秀と評された。宣長の和歌山召し出しには、必ず影のように付き添い、寛政十一年（一七九九）には、失明した宣長の実子である春庭《はるにわ》に代わって、本居家の相続が藩主治宝から許された。

享和元年（一八〇一）に宣長が没すると、彼は本居家を相続したが、鈴屋は実子の春庭がそのまま引き継いだ。文化三年（一八〇六）には紀州藩の『紀伊続風土記』編纂に参画が命じられ、文化五年には『紀伊続風土記』編纂のため、和歌山移住が命じられた。そして、文化六年には一家を挙げて和歌山に移住し、和歌山を終の棲家とした。[2]このため、城下町和歌山は本居国学の中心地となる。

本居国学にとって、この大平の和歌山移住には、どのような影響があったのであろうか。東京大学文学部国文学研究室所蔵の「藤垣内門人姓名録」（以下、「門人姓名録」）があり、『三重県史』資料編近世5に活字化されて収められている。[3]大平が弟子を持つことを許された寛政十年から彼が没する天保四年（一八三三）まで、年代順に入門者が記されている。これまで、『本居全集』首巻に収載された「藤垣内翁年譜附教子名簿」が一般的に用いられてきたが、[4]この「門人姓名録」は年代順に記され、肩付注記に月日を入れるものもみられる。また、門人名の下には物故者を意味する「古」、音信不通者を意味する「しらす」・「文通なし」・「久中絶」などの注記が見られる。

小稿は、これらの大平門人の動向から、大平の和歌山移住が与えた本居国学への影響を看取しようとするものである。まず、「門人姓名録」の成立過程を考察し、入門者の動向を整理してみることにしたい。その後、大平の和歌山移住の意味を総合的に判断したい。

一　「門人姓名録」の成立

「門人姓名録」は天保四年の大平の没するときまで記されている。したがって、その成立はそれ以後と考えて間違いないだろう。しかし、享和三年に入門した伊勢国松阪本町の小津清左衛門には「今ハ中絶」という注記がある。小津と大平の交信状況を示すのであれば、ここに記されている「今」とは、天保四年の大平が没する以前にこの注記が施されたと考えるべきであろう。すなわち、享和三年に大平に入門した小津は、それ以後天保四年までの間に大平との交信を絶ったということであろう。この注記が何時施されたかを明らかにすることによって、「門人姓名録」の成立過程を知ることが出来るのではないかと考えるのである。

「門人姓名録」によると、享和元年に大平は六人の入門者を得ている。いずれも入門月日が記されていないが、享和元年は寛政十三年で宣長の没した年である。また、文化元年の項目が立てられているが、この年は享和四年である。これに対して、文政元年であるべき年は文化十五年として項目が立てられている。

文化十五年の正月は、文化十五年として迎えたが、同年五月十五日に文政の改元があったためこのような記載になったのであろう。すなわち、文化十五年段階でこの「門人姓名録」は日々書き継がれていたことになるのである。これに対して、享和元年・文化元年の改元年号で項目を立てていることは、これらの年に属する記載が、後事的に編纂されたことを雄弁に物語っているものと思われる。すなわち、文化元年以後文化十五年までの間の何時の時期かに、寛政十年以後の記載が一括して編纂され、その後天保四年まで書き継がれたものであるといえるだろう。では、それは何時のことであろうか。

「門人姓名録」には、総計一〇一六人の入門者が記されている(5)。それを入門年・地域別に整理したものが表1である。

これを詳細に見ると、文政九年に十三人の弟子を得て、文政十年には四十人の弟子を得ている。しかし、「門人姓名録」では文政十年の項目が立てられていないのである。文政九年の最末尾に「同（紀伊国）同（若山）畔田十兵衛　伴存」に次いで、「同（紀伊国）伊都郡東家　一色勝蔵文信」とあり、その肩付注記として小さく「文化十年癸酉二月朔日」とあり、文政九年から十年にかけて、極めて機械的な書き継ぎがなされていたことがわかる。このことから、文政九年までには後事的な編纂物としての「門人姓名録」が完成しており、すでにそれへの書き継ぎが行われていたことがわかるのである。

伯耆	出雲	石見	因幡	播磨	備前	備後	美作	安芸	周防	長門	紀伊	淡路	阿波	伊予	土佐	筑前	筑後	豊前	豊後	肥前	肥後	日向	不明
											1												
3											4				1								
		2																			1		
1		1						1															
													4							1			
											8			3			1						
											11		15	3									
											14			1						1			6
		2									10		2										
		1									3		4										
											27		2	1									
		1									22		3										
		5							1		9	2								5			4
											1		1	2									
											10		5										
		1									9		4	1	2	3							
									1		13										2		
									1		19				3						2		
					1			1	2		10										1		
		2							3		16					2							
				1							17							1	1				
									1		7	4		1	1								
											25												
											14										1	8	
				1				3	2		16					1							
									1		8			7									
1			4	2	1	6				1	7			3						2			
	1		1						2	1	3		4				1						
				1							12		8										
								4			4		4	2									
			9				1				4			6		1			1				
5	1	15	14	5	2	6	1	9	14	2	304	6	56	30	7	7	2	1	2	9	7	8	10
4	0	3	0	0	0	0	0	1	0	0	24	0	19	6	1	0	1	0	0	1	1	0	0
1	1	12	14	5	2	6	1	8	14	2	280	6	37	24	6	7	1	1	2	8	6	8	10

表 1　藤垣内門人入門年代別地域別分布表

	合計	京	山城	大和	摂津	大坂	和泉	河内	伊勢	志摩	尾張	三河	遠江	駿河	伊豆	江戸	武蔵	下総	上総	常陸	近江	美濃	飛騨	信濃	上野	下野	陸奥	出羽	若狭	越前	越後	佐渡	但馬
寛政 10	1								1																								
寛政 11	1								1																								
寛政 12	9								9																								
享和元	6								5																								
享和 2	5															5																	
享和 3	43			3					23		6																	1	2				
文化元	12								5	1					1	1											1						
文化 2	28								8		7	13																					
文化 3	17					1			10							1										1		1					
文化 4	32					1			10	11		4																1					
文化 5	22	1							5												1	2						1					
文化 6	48								2	6	1	3				1							1				4	1					
文化 7	33	1							6				1														3						
文化 8	18								3					1																			
文化 9	13								1							1		1				2											
文化 10	40											4				1						2					2	1					
文化 11	33											4													3								
文化 12	29								2																		1						
文化 13	67	9	4	1					12		2	19	10								3			1							2		
文化 14	22								2				2				1				1		1										
文化 15	44						1	1	5		1	13															2				1		
文政 2	30	1				1			9				2	1																			
文政 3	36		1				1		1		2											4		1						1			
文政 4	18										1													1	1								
文政 5	41			2	1				4		1	2		1							1	2									1	2	1
文政 6	44	2		1		6			1		7			2	1							3		1									
文政 7	25					2	1														1			3				3				1	
文政 8	60											3				3			1		2	6					15	4					1
文政 9	35					2			4		1		1								1	1					2						
文政 10	25	1													1																		
文政 11	23					2			4															1									
文政 12	39			1	1				3	1	5													1									
文政 13	39	1			2	2			13		4	1								1					1		1						
天保 2	24										3																						
天保 3	26	1				3					1	1												2			4						
天保 4	28					1					1					2															1	1	
合計	1016	17	5	8	4	21	3	1	149	19	43	67	16	5	3	15	1	1	1	1	10	22	2	11	5	1	35	13	2	1	5	4	2
~文化 6	224	1	0	3	0	2	0	0	79	18	14	20	0	0	1	8	0	0	0	0	1	2	1	0	0	1	5	5	2	0	0	0	0
文化 7~	792	16	5	5	4	19	3	1	70	1	29	47	16	5	2	7	1	1	1	1	9	20	1	11	5	0	30	8	0	1	5	4	2

表２　本居大平門人音信不通者分布表

	合計	寛政12	享和元	享和2	享和3	文化2	文化3	文化4	文化5	文化6	文化7	文化8	文化9	文化10	文化11	文化12	文化13	文化14	文化15
安芸国	1						1												
阿波国	1																	1	
伊勢国	30	4	2	0	9	1	4	2	1								3	1	3
伊予国	1													1					
石見国	3				1							1				1			
江戸	2				1					1									
近江国	1								1										
大坂	1								1										
尾張国	7				6					1									
紀伊国	9									1				4				4	
信濃国	1																1		
志摩国	12				1			11											
肥後国	2				1			1											
伯耆国	3				3														
三河国	7					7													
美濃国	4								2					2					
大和国	2				2														
合計	87	4	2	0	24	8	5	14	5	3	0	1	0	7	0	1	4	6	3
		65									22								

ところで、寛政十二年から文化十五年の間に八七名の音信不通者が見られる。それを、入門年・地域別に整理したものが表2である。本居国学を学ぼうとして入門はしたものの、自分の要求するものではなかった等の理由で、大平との音信を絶った人々である。これらの人々については、「門人録に姓名を登載されたというだけの、形式的な門人であった可能性の大きいことも忘れてはなるまい」と評価されている。(6)しかし、この表を見ると、伊勢国の門人の音信不通者が群を抜いて多いことがわかる。しかも、大平の和歌山移住後の入門者の音信不通者が二十二名であるのに対して、和歌山移住前の入門者の音信不通者は六十五名にも及んでおり、三倍を近くいるのである。

特に注目すべきは、享和三年に入門した伊勢国の三人と伯耆国の三人には、「文通なし」と注記されているのである。本居宣長自身が、賀茂真淵に対して書簡による教えを請うていたことは有名であり、本居国学では文通による教授はおろそかに出来るものではなかっただろう。その中でも、享和三年に入門した伊勢国一志郡木造の野口平兵衛にも「文通なし」と記されている。一志郡は松阪城下に隣接する指呼の位置関係にあり、(7)文通で教授を受けるような遠隔地ではないと思われる。このことからこの「文通なし」という注記は、野口平兵衛と大平の位置関係が文通を要するほどに隔たった状況にあったことになるだろう。すなわち、文化六年に大平が和歌山に移住後、距離が隔たったために、文通による交信が必要となり、そのため疎遠になったことから施された注記であるといえるだろう。

このような観点で、表2をみると、大平の和歌山移住の翌年の文化七年には音信不通者がまったく見られない。これは大平が和歌山移住後一年を経て、それまでの弟子の親疎関係を整理するために、この「門人姓名録」が後事的に編纂され、その後逐一書き継がれていったものと推測したい。

二　大平と伊勢国

伊勢国松阪は大平のふるさとであり、彼の生涯の故地である。和歌山市立博物館と松阪市の本居宣長記念館の双方に、鈴屋円居図という画幅がある。(8) 記念館本には次のような文章が記されている。

此絵は松阪長谷川常雄か家にもたるを、うつしとれるなり、歌は鈴屋翁のかきおかれたるを、かなもそのまゝにうつしたるなり、茂穂とあるは大平かはしめの名なり、

文政十年春七十二翁書（大平花押）

本居家旧蔵のこの画幅を所有していた長谷川常雄に、大平が懇望して文政十年に複写せしめたものであることがわかる。「茂穂とあるは大平かはしめの名なり」とあることから、本居家旧蔵本には、間違いなく大平のことを「茂穂」と明記してあったものと思われる。これに対して、市立博物館本には次のような大平の文章が記されている。

此画は塩路鶴堂かうつせるなり、歌は鈴屋翁のかゝれたるを見て、いささか似よれるさまにうつし、かきたるなり、大平　文政十年春

これによると、紀州の円山派絵師塩路鶴堂に依頼して、大平が写させたものであることがわかる。いずれも文政十年春の年紀を明記しており、大平七十二歳のときのことである。これは、彼の没する六年前ということになる。大平は、なにゆえに同じ構図の画幅を同じ時期に描かせたのであろうか。

大平の名前が茂穂となっている。彼が茂穂を名乗るのは、明和五年に鈴門に入門した十三歳のときであった。そして、茂穂を重穂と改め、大平を称するのは、天明二年のことである。すなわち、本居家旧蔵本に描かれた情景は、明和五年から天明二年の間、大平が十三歳から二十七歳の頃のものであったことになる。また、記念館本の解説によると、本居家旧蔵本は、『明和年間本居社中歌仙像』と呼ばれていたことがわかる。(9) すなわち、記念館本の手本となった本居家旧蔵本は大平が明和五年に鈴門に入門し、明和九年が安永元年（一七七二）と改元されるまでの間に描かれたことになる。これは、大平が十三歳から十七歳の頃で、鈴門に入門して間もない時代のことになる。

この画幅に記された大平の和歌は、「暮深き花の木間に見えそめてひかりも匂ふ春の夜の月」であるが、大平の歌集『稲葉集』の春歌の部に収載されており、彼にとっては青春時代に詠じた秀歌であるといえるだろう。(10) この歌を添えた画幅を大平は、晩年の文政十年に複数制作させているのである。その背景には何があったのだろうか。

大平は、享和元年に本居家を相続し、藩命によって文化六年に和歌山に移住して、和歌山を終の棲家とした。晩年の大平にとって、青春時代を恩師宣長の下で伊勢国松阪に過ごし、国学に研鑽した時代は、故郷を離れざるを得なかった彼には忘れることの出来ない思い出であったことだろう。そのような郷愁が彼をしてこの画幅を写さしめたのであろう。それほどまでに伊勢国松阪は彼にとって忘れられない故郷だったのである。しかし、「門人姓名録」を見ると、伊勢国の門人たちは彼の和歌山移住に対して、異なった感情を持っていたのではないかと思われる。

「門人姓名録」によると、大平は和歌山移住の文政六年までに伊勢国で七九人の門人を得ている。しかし、「門人姓名録」の後事的編纂段階で、二四人が物故者となり、二七人が音信不通者となっている。すなわち、大平の伊勢の門人は七九人の内六五％に当たる五一人が彼の元を去っているのである。

しかも、享和三年入門の伊勢国飯野郡の一乗寺義偏・円明寺竜乗・海念寺大月は、ともに「しらす」と注記されている。文化二年入門の伊勢国飯野郡の安養院文明・飯田富蔵・河村万次・池田源兵衛もともに「中絶後しらす」と注記されている。すなわち、同一地域の人々が語らいあって大平との音信を絶ったように見て取れるのである。

これは、本居家を相続した大平に対して、彼等が宣長の実子である春庭に義理立てしたものではないだろう。享和三年の三人も文化二年の四人も、ともに大平の享和元年の本居家相続以後の入門であることから、そのことは明らかであろう。このように考えたとき、彼等が大平との音信を絶った理由は、大平の和歌山移住に対する反発であったと理解することが出来るだろう。

このような傾向は、松阪時代の伊勢門人に限ったことではなかった。伊勢に次いで多い二〇人の門人を得ていた三河国では、文化二年に入門した七人が音信を絶っている。そして、一八人の門人を得ていた志摩国でも一二人が音信不通者になっている。しかも、残った六人は、文政六年の入門であり、大平の和歌山移住が周知となった後に、そのことを承知の上で入門した人々である。すなわち、志摩国では松阪時代の門人は大平の和歌山移住を機にすべてが音信を絶ったことになるのである。

すなわち、大平の和歌山移住によって、それまでの多くの門人が大平を離れたのである。大平は間違いなく宣長の後継者として本居国学を引き継いだ。しかし、彼の和歌山移住を前後して、その門人たちの内容は大きく異なったのである。伊勢門人を始めとする彼の松阪時代の門人たちのこのような動きがあったからこそ、和歌山移住後の文政七年頃に「門人姓名録」を整理する必要があったものと思われる。

このように考えると、「門人姓名録」に見える音信不通者は、『三重県史』資料編近世5が評価するような、単なる「形式的門人」と即断することは出来ないだろう。彼等は、むしろ国学に傾倒していたからこそ、大平の和歌山移住に大きな反発を示したのである。そして、それらの音信不通者は、大平の和歌山移住後には格段に減少することになる。表2によると、大平の和歌山移住前の入門者の内、音信不通となったものは六五人であるが、その後の音信不通者は一二人に過ぎない。この数値は、何等他意のない人々で、国学を一旦めざしながらも、ごく普通に脱落した人々であると評してもよいのではなかろうか。

本居宣長は寛政四年に紀州藩に召抱えられた。しかし、松阪在住を許されていた。このことによって宣長の率いる本居国学は、松阪に本拠を持つ全国的な学派と認識されていた。しかし、藩命に抗することもなく和歌山移住をきめた大平は、最早全国的な学派ではなく、紀州藩の国学者と認識されるようになったと思われる。このことが大平の和歌山移住に対する大きな反発を生んだものと思われる。

三　大平の和歌山移住

大平の和歌山移住後に残った伊勢の門人はわずかに二八人となった。もはや、大平にとって伊勢国は磐石の基盤ではなくなっていたのである。そして、彼は和歌山に移住したのである。このことによって大平は新たな門人を獲得しなくてはならなくなった。大平の学風を、「独創性には乏しいものの宣長学を普及させることに力をつくし」たと評されることが多い(11)。

学者に対する評価としてはいささか酷評かもしれないが、これこそが大平の和歌山移住後の新たな門人を獲得する最大の手段であったと思われる。全国に君臨した宣長の本居国学を継承した大平は、その故地を離れて和歌山に拠点を移した。この時点で、本居国学は全国的学派から、紀州藩の一学派として見られ、それまでの門人が音信を絶つことになった。しかし、和歌山移住後の大平は養父宣長の国学をそのままに墨守し、大平が継承した本居国学が、宣長の大成した本居国学と何等変質していないことを、内外に主張する必要があったのである。

このことは、和歌山移住後に即座に効果を表したと思われる。文化七年以後伊勢における門人は、以後ほぼ間断なく増加し、松阪時代の七九人には及ばないものの、七〇人に及んでいる。しかも、この七〇人の内で入門後に音信不通者は、文化十三年～十五年に合計七人が見えるだけである。

また、大平が居を移した紀伊国では文政六年までの門人数がわずかに二四人であったが、移住後の文政七年以後の入門者は二八〇人に及んでいる。これを全国的に見ても、和歌山移住前の大平の門人分布は、二三か国と三都（京・大坂・江戸）にわたって二二四人であったが、移住後の門人分布は、五一か国と三都にわたって七九二人に及んでいる。

これを、宣長の門人帳である「授業門人姓名録」と比較すると、それは四一か国と京・江戸にわたって四八九人である。[12] このことから、和歌山移住後の大平による本居国学の門人増加は、目を見張るものがあるといえるだろう。本居国学は、大平の和歌山移住によって、全国的な学派から、紀州藩の一学派になった観があり、松阪時代の門人たちはそのことに大きな反発を感じたのである。しかし、移住後の門人の増加を見ると、和歌山に移住した大平によって本居国学の全国への普遍化が果されたといっても過言ではないだろう。

ところで、本居宣長によって大成され、大平によって忠実に継承された国学は、なにゆえこのように全国的に受け入れられたのであろうか。国学を学んだ多くの門人たちは、ほとんどが門人帳に名前をとどめるだけで、どのような人生を歩んだのかを知ることが出来ない。ただ、大平の門人の中で、紀伊国の地域史に大きな足跡を残し、その人生の大略を知ることが出来る人物がいる。そのような人々の動向を見ることによって、彼等が何を求めて国学を学んだかを知ることが出来るのではないだろうか。

「門人姓名録」によると、大平の和歌山移住後の文化七年に、畔田伴存《くろだばんぞん》が入門している。彼は紀州藩下級武士の家に寛政四年に生まれた。[13] したがって、彼の入門は十九歳ということになる。彼は翠山・紫藤園とも号し、本草学の世界では畔田翠山《すいざん》と呼ばれることが多い。

「門人姓名録」の彼の前行に、「十一月九日」の肩付注記と、「紀伊国若山　松見弥惣七伝真」とあることから、彼は同年の冬に入門したことがわかる。彼は、紀州藩士で、藩の薬園を管理する本草学者であった。小原桃洞に本草学を師事し、文政五年の加賀国白山での植物調査を始めとして、大和国吉野山・紀伊国高野山等を実地調査している。彼の本草学研究は実証的で詳細な記述だけでなく、精緻な写生図を多く残しており、その後の本草学研究に大きな影響を与えた。また、彼の家塾紫藤園では、その絵図から見ると極めて実証的な研究が実践されていた。

伴存の経歴を見ると、今日的には「理系」の人間である。しかも、大平に入門を前後して彼は加賀国白山の植物調査を行っており、軽輩といえども紀州藩における本草学者としての地位は確固たるものがあったと思われる。本草学者として最も活躍していた時期に、彼は大平に入門したことになるのである。そのような彼は、国学に何を求めて入門したのであろうか。

次いで「門人姓名録」によると、文化十年に伊達藤二郎が入門している。彼は紀州藩上級藩士宇佐美祐長の二男として享和二年に生まれ、後伊達盛明の養子となる[14]。伊達宗広を称し千広と号す。そして文化十年に伊達家三百石を相続し、同十三年には藩主徳川治宝の小姓となっている。以後治宝の寵臣として、勘定吟味役・寺社奉行・勘定奉行などを歴任するが、嘉永五年（一八五二）に治宝の死去により、田辺安藤家預かりとなり失脚する。失脚以前に日本史の時代区分を論じた『大勢三転考』を嘉永元年に著し、日本の統治構造が三回にわたって変遷してきており、今の統治構造も変革する可能性があることを論じ、明治維新の到来を予見した。失脚後、一貫して勤皇家として行動するが、必ずしも紀州藩の方針とは合致せず、彼が評価されるのは明治維新以後のことである。

彼は、伊達家を相続した年に大平に入門している。勤皇思想家としての素養は、本居国学を学んだことによるものだといえるだろう。しかし、それは国学を学んだことの結果であって、わずか十二歳の少年が、いきなり勤皇を志して大平の門人になるとは考えられない。彼の大平入門の経緯を自らその随筆集『随々草』の中で、次のように述べている[15]。

和歌は我国振りなり勉て歳月をつまは、あるひは先達の脚下にも至るへし、詩は歌にしかしと、心一ツに思定て、やかて本居大平翁に名簿を贈りて其門に入りしなり、

すなわち、彼は勤皇思想を学ぼうとしてではなく、和歌を学ぶために大平の門人となったのである。しかも、その養母は「家を継に至りて母刀自これをうき事に歎かれ、常に学びの師をも招き、みづからおのれか傍に座して勉励されし」と述べ、幼く勉強嫌いの宗広の師たるべき人物の選定さえも行っていたのである。

江戸後期、上級階層の女性は和歌をたしなんだが、宗広の学問への入口が、和歌であることから見ると、彼を大平の門人へと導いたのは、養母ではなかったかと思われる。なお、「門人姓名録」の宗広の名前についで、「知勢子」

と「多嘉子」という二人の女性の名前が見える。氏名が記されていないことから、前行の伊達藤二郎を受けており、伊達姓であったと思われる。上述のように推察すると、このいずれかが彼の養母ではなかったかと思われる。

宗広は、和歌を門戸として国学を学び始めた。本居宣長の『うひ山ふみ』によると、国学の分野を、思想・有職故実・歴史・文学に分類している。[16]宗広はこの内の文学を門戸として国学に入門したのである。その後彼は藩主治宝の寵臣となり、藩重役を歴任し、紀州藩政を総覧するにいたって、国学の他の分野にも開眼し、思想・有職故実・歴史をも学ぶようになり、勤皇思想家としての資質を身に着けたのであろう。

彼の文政十一年の江戸への旅行記である「幣帛袋」を見ると、江戸への道中で名所・旧跡・古戦場に立ち寄り、歴史を回顧し、関係する歴史的人物の批評を記している。[17]少なくとも二十七歳のこの頃までに、国学の他の分野にも目を向けるようになっていたのであろう。彼が国学の他の分野に目を向けるようになった要因とは何だったのだろうか。

もう一人、文政九年に大平の門人となった仁井田源一郎長群がいる。彼は紀州藩儒学者で、『紀伊続風土記』編纂総裁を務めた仁井田好古の長男として寛政十一年に生まれている。[18]彼は父について儒学を学ぶとともに、『紀伊続風土記』編纂に参画し、領内を精力的に調査しただけでなく、領内郡代官を歴任したため、世情・風土等に精通していた。嘉永六年にペリーが浦賀に来航すると、海岸防備のために『海防義』を著し、以後海防論議を展開した。

彼の入門は、二十八歳ということになる。彼は父の跡を継いだ儒学者である。大和心を追求する国学にとって、儒学は唐心そのものである。その儒学者が何ゆえに国学を学ぼうとしたのであろうか。勉強嫌いだった少年時代の伊達宗広とは異なり、すでに壮年に達する年齢で、儒学者として一家を成した彼は、本居国学に何を求めて身を投じたのであろうか。

生涯の動向がわかる大平門人三人の人生を概観した。彼等は、自然科学者であり、藩重役であり、儒学者であった。しかも、それぞれの分野ですでに大成した人物であり、紀州藩における有数の知識人であった。その彼等が、文化・

文政期に何かを求めて国学を学んだのである。その何かとは何だったのだろうか。

本居宣長が紀州藩に召抱えられた寛政四年に、ロシア人ラクスマンが北海道根室に来航し通商を求めている。その年、これに呼応するように林子平が西洋諸国の来航に警鐘を鳴らすべく『海国兵談』を著し、幕府から処分を受けている。(19) 以後、欧米諸国の来航はやむことがなく、ついに安政元年（一八五四）の日米和親条約によって日本は開国することになる。すなわち、畔田翠山・伊達宗広・仁井田長群が国学を学ぼうとした当時は、日本に欧米諸国がしきりに来航してきた時代だったのである。

わが国の知識階級は、ロシア・イギリス・アメリカという海の彼方の国々の存在を意識するようになったのである。しかし、それら諸国と、彼等知識人が住む日本とはどこが違うのかという素朴な疑問が生じたであろう。それは翻っていうならば、そもそも日本人とはいかなるものなのかという疑問である。

諸外国の存在を知ったとき、日本及び日本人のアイデンティティーを求めることになるのである。この疑問に答える学問こそが、まさしく国学であったといえるだろう。国学は大和心を追求し、日本及び日本人の特質・特徴を追い求める学問である。自然科学者・政治家・儒学者と異なった分野にあった彼らが、その分野で大成した後、日本人であるという自分自身は、一体何者なのだろうという問いかけをもって、本居国学の門を潜ったのであろう。

国学は、戦前の軍国主義下において、特筆すべき日本研究として扱われた。そのため、今日的には、極めて独善的なものとして認識されてしまった観がある。しかし、その国学は、近世鎖国下の日本における国際化が喚起した所産であったといえるだろう。国学の戦前における扱いが上述のようであったため、戦後における研究は、国学を直視することが少なかったように思われる。昨今の国際化の中で、自己の探求という問題が、江戸時代以上にその必要性を増しているといえるだろう。今、忌まわしい戦前の扱われ方を払拭し、和歌山で開花した国学を、その原点に立ち返って見直す必要があるのではないだろうか。

おわりに

小稿は、国学の後継者である本居大平の和歌山移住が、本居国学に与えた影響を明らかにするべく考察を行った。まず、大平の「門人姓名録」を分析し、その後事的編纂が文化七年頃であろうと推定した。そして、その後逐次書き継がれたものとした。

次に、鈴屋円居図から、和歌山移住後の大平が、故郷伊勢国松阪において本居宣長の下で学んだ青春時代を、生涯懐かしんでいたことを述べた。しかし、その一方で彼の和歌山移住に対して、彼の松阪時代の門人たちは大きな反発を感じていたことを明らかにした。和歌山移住後に大平と音信を絶った門人たちは、単なる形式的な入門者ではなく、むしろ宣長の後継者たる大平が和歌山に移住することに反発したものと考えた。

そのため、和歌山移住後の彼は、本居宣長の学統を墨守し、和歌山移住後も何等変わりのないことを訴え続けた。その結果、和歌山移住後の彼は宣長以上の門人を得ることが出来、本居国学の全国的普遍化を果たしたと評価した。

最後に、大平の門人の内、経歴がわかる人々の動向を概観し、門人たちが江戸後期鎖国下の欧米諸国の来航に対し、日本人としてのアイデンティティーを求めて、国学を学んだものと理解した。

注

（1）「稿本『授業門人姓名録』」（鈴木淳他編『本居宣長と鈴屋社中』、錦正社、一九八四）によると、安永三年以後の入門者は編年で列記されているが、安永二年以前の門人は一括して掲げられている。大平は安永二年以前の入門者として一括して掲げられ、「稲掛十介大平」と記されているが、右肩に付箋が貼られ、そこには「大平ノ入門ハ明和五年（十三歳）（鈴）」と記されている。また、尻付注記には「初茂穂棟隆男」とある。なお、「授業門人姓名録」の成立については、鈴木淳「『授業門人姓名録』諸本の成立と伝来」（前掲鈴木淳他編『本居宣長と鈴屋社中』所収）に詳しい。

（2）本居大平の生涯については、原則として『南紀徳川史』巻五十八「文学伝二」の「本居中衛宣長」の項附載の大平伝による。なお、適宜玉村禎祥『本居大平の生涯』（近畿文化誌刊行会、一九八七）を参照した。

（3）『三重県史』資料編近世5（三重県、一九九四）所収。

（4）本居清造校訂『本居全集』首巻（吉川弘文館、一九四八）所収。

（5）『三重県史』資料編近世5（前掲注3）に収める「藤垣内門人姓名録」の解題によると、大平門人総数を一〇一八人と数える。拙稿の数値と二人の誤差がある。書き込み・貼紙等を見落とした可能性があろうが今後の課題としたい。
（6）『三重県史』資料編近世5（前掲注3）に収める「藤垣内門人姓名録」の解題による。
（7）松阪城下は旧飯高郡で、一志郡はその北に隣接している。また、旧一志郡の一部は、現在松阪市の一部に編入されている。
（8）鈴屋円居図は、本居記念館本は『本居記念館名品図録』（同館、一九九一）に、和歌山市立博物館本は和歌山市立博物館特別展図録『本居宣長と和歌山の人々』（同館、二〇〇二）に、それぞれよる。
（9）『本居記念館名品図録』（前掲注8）の「鈴屋円居図」の解説（吉田悦之氏担当）による。
（10）『稲葉集』は、『校注国歌大系』巻十六（講談社、一九七六）によるが作期は不明。同じく宣長の作歌「庭の面は桜ちりしく春風にさそはぬ苔の色そ消ゆく」は、その歌集『鈴屋集』一に収めるが、生涯の作歌をほぼ編年で網羅した『石上稿』には見えないため、いずれの作期も判明することは出来ない。
（11）『和歌山県史』人物編（和歌山県、一九八九）による。
（12）鈴木淳「『授業門人姓名録』諸本の成立と伝来」（前掲注1）による。
（13）畔田翠山の生涯については、上田穣「紀州の博物学者・畔田翠山」（和歌山市立博物館特別展図録『江戸時代の動植物図鑑』、同館、一九九四）による。
（14）伊達宗広の生涯については、高瀬重雄『伊達千広』（創元社、一九四二）による。
（15）『随々草』は、明治仏教思想資料集成編纂委員会編『明治仏教資料集成』（同朋社、一九八〇）による。
（16）『うひ山ふみ』は、『本居宣長』（岩波日本思想大系四〇、一九七八）による。
（17）「幣帛袋」は、『伊達自得翁全集補遺』（雨潤会、一九四〇）による。
（18）仁井田長群の生涯については、和歌山市立博物館特別展図録『本居宣長と和歌山の人々』（前掲、注8）及び『和歌山県史』人物編（前掲注11）による。
（19）村岡展嗣校訂『海国兵談』（岩波文庫、一九三四）による。

第四節　本居大平書状　紀伊国造宛

はじめに

本資料は紀俊行氏の所蔵資料で、調査・研究および展示資料として、和歌山市立博物館に寄託を受けているものである。(1) 十六行にわたって本文と「大平」の自署・月日と「国造様尊前」の宛名に次いで、和歌一首がしたためられている。

本資料は、横五四・五cm、縦一〇七・九cm懸幅装であるが、本紙は一紙で、横四六・二cm、縦一六・二cmである。ただし、書面冒頭部および末尾は、本紙内の本文との位置から見て、表装の際に相当部分が破とされたようである。

本書状の差出人は国学の大成者本居宣長の後継者で、国学の和歌山派の祖とされる本居大平である。(2) また、受取人は後述するように、古代以来紀ノ川河口に勢力を張り、準皇祖神を奉祭してきた紀伊国造である。このことから、本資料は江戸時代後期の和歌山に極めて大きな影響力を有した国学の大家と、古代以来この地に伝統的な権威を有してきた紀伊国造家との、直接的な関わりを示すものである。

小稿は、この本居大平の書状を紹介することを目的とし、本居大平と紀伊国造家の関係を追究しようとするものである。あわせて、大平の和歌山での教化活動の一端を探ろうとするものである。

一　翻刻と大意

ここで本資料の内容について、本資料本文の行替えにしたがって、翻刻したものを以下に掲げ、若干の解説を施したい。なお、その際、旧字を新字に改めたほか、読点は適宜筆者が加えた。

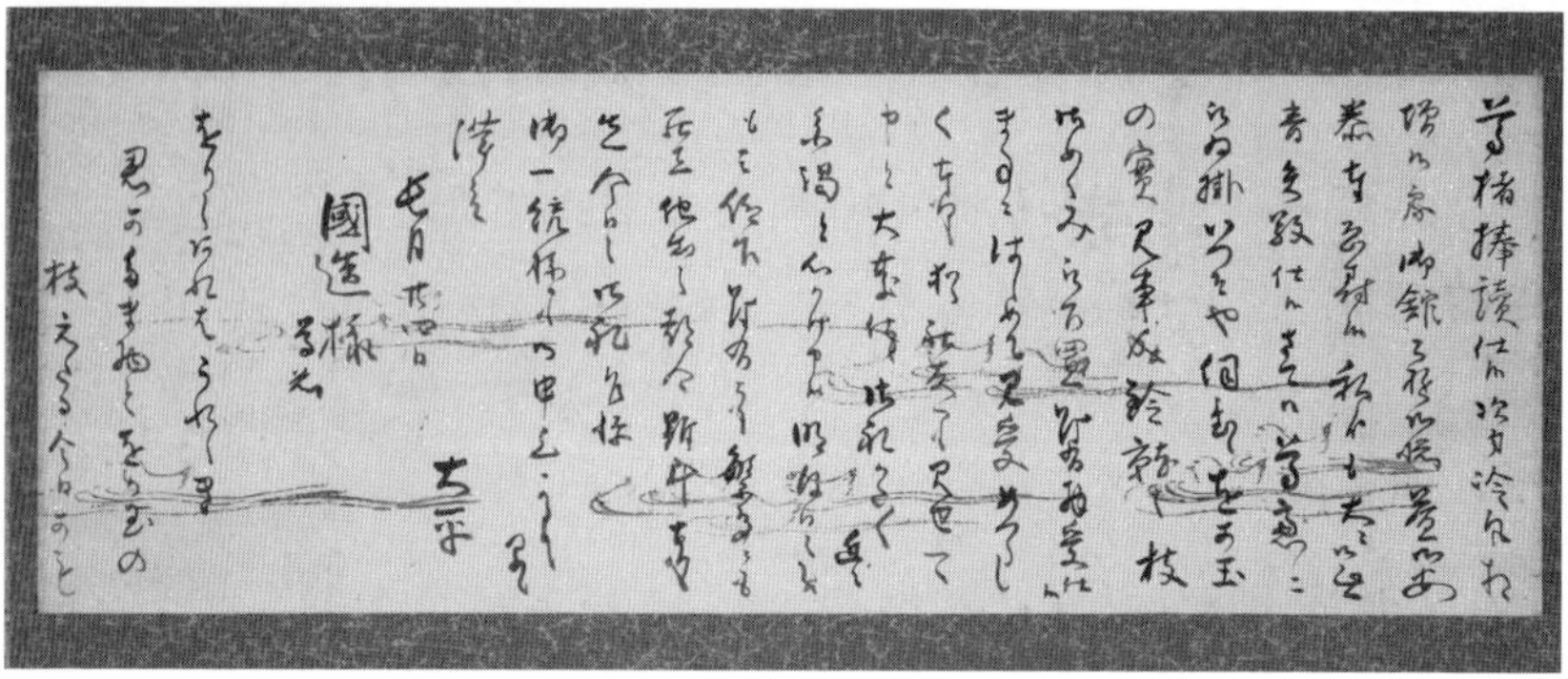

本居大平書状　紀伊国造宛（個人蔵・和歌山市立博物館寄託）

尊楮捧読仕候、次第冷風相
増候処、御舘被遊御揃益御安
泰奉恐寿候、私よりも大ニ御無
音失敬仕候、さてハ尊慮ニ
被為掛、いつそや伺置候をか玉
の実、見事成鈴就之枝
御めくみ被下置、難有拝受仕候、
ま事ニはしめて見受、めつらし
く奉存候、猶社友へも見せて、
中々大慶仕候、御礼かたゝゝ近々
参詣と心かけ申候、明後日之儀
も被仰下難有奉存候とも、繁多ニも
罷在、他出之都合難斗奉存候、
先今日之御礼、乍憚
御一統様へも御申上可被下候、早々
謹言

長月廿四日　　　大平

国造様尊前

をりしあれは　うれしき
君が　たま物そ　をか玉の

枝　えたる今日かも

冒頭の「尊椿捧読仕候」という文言から、この書状が国造からの手紙に対する返信であることがわかる。続いて、時候のあいさつがあり、かつて両者の間で話題に上がった「をか玉」の鈴なりの実をつけた枝を送られたことに対する謝辞を述べている。このことから、この書状以前に、大平が国造から受け取った書状は、「をか玉」の送り状であったと推定することが出来る。

「をか玉」とは、『古今要覧稿』[3]三四八によると、「おがたまの木は日向国にある樹の名也、葉のさまは榊などのやうにて表青く裏白みあり、実は数十個、房をなして（中略）辛夷の実の如し、樹に香気あり」とみえる。また、『茅窓漫録』[4]の中には「をがたまの木は榊なりといふより、御賀玉と書き伝へり」とみえる。これは、関東以西に分布するモクレン科の常緑高木である。春に三cm大の黄色い花をつけ、秋には松かさ状の果実を多く結び、冬も葉を落とさないことから、生命力の象徴として植えられる。このため、神社などに植えられることが多い[5]。

このことから、日前宮に赴いた際境内に植えられていたおが玉の説明を国造から受けたことがあったのだろう。そして、それはいまだに実を結んでいなかったころのことであろうと思われる。すなわち、大平と国造とは一過性の交際ではなく、かなり恒常的な交際を行っていたと思われるのである。そして、その後実をつけた季節、すなわち秋九月に、国造が大平にその枝を贈呈したのであろう。大平はこの実の実物を見るのが初めてだったのかも知れず、書状の中で大いに珍しがっている。また、「猶社友へも見せて」とあることから、大平を中心とした短歌の会の仲間にも披瀝したことが記されている。この一文から、大平が短歌の会を組織していたことがわかる。

つづいて、「明後日之儀も被仰下難有奉存候」と記しているが、この書状の日付が九月二十四日であるから、「明後日」とは九月二十六日に当たる。この日は、日前宮の年中行事の一つである「流鏑馬」神事の催される日である[6]。すなわち、国造からのおが玉の送り状には、この神事への招待のことばが記されていたことになる。大平は、このことについては、丁重に辞退の意を述べ、謝辞によって本文を結んでいる。そして、宛名の後に贈呈されたおが玉に対する返礼として、それに因む和歌を一首添えている。

二　大平と紀伊国

本書状の差出人である本居大平は、宝暦六年（一七五六）に伊勢国松阪の豆腐商稲懸棟隆の子として生まれ、父の棟隆が本居宣長の門人であった関係で、幼い頃から本居国学を学び、宣長門下の第一人者として評判されていた。[7]寛政六年（一七九四）頃、宣長の長子春庭が失明するに及んで、春庭が宣長の後継をみずから辞し、宣長もこれを認めた。宣長は、春庭に代えて鈴門の第一人者である大平を養子として、家督を譲る決心をし、寛政十一年紀州家徳川治宝にその旨を申し出て許されている。

享和元年（一八〇一）に宣長が没すると、翌年家督相続が認められ、[8]文化六年（一八〇九）六月に松阪から和歌山本町四丁目に移り住む。なお、実子春庭は伊勢国松阪に残り、父宣長の門人を引き継いでいる。このことから、大平の和歌山移住は、『紀伊続風土記』編纂への参画を命じられ、和歌山での仕事が増えたことによるものであろうが、養子の彼の実子春庭に対する遠慮が働いていたことによるものかもしれない。大平はこの後、文化八年二月十九日に、城下広瀬の弁財天丁に宅地を下賜され、さらに文政五年（一八二二）に同じく広瀬中ノ丁に移転し、ここを終の棲家とした。

大平は和歌山転居後も精力的な研究と教化活動を続け、紀州藩における家禄も累進し、天保四年（一八三三）に没している。すなわち、紀州時代の大平の活躍した時代は、文化六年から天保四年に至るまでの二十四年間ということになる。本書状では、おが玉の枝の贈答や日前宮神事への招待など、国造家との頻繁な親交の様子を読み取れることから、この二十四年間に発給されたものであると考えてよいだろう。

ところで、その彼が教化した門人は、「藤垣内翁略年譜」[9]付録の「教子名簿」によって見ると、北は陸奥国から南の九州日向国までに分布しており、その数は「通計千二十八人」に、「教子遺漏」として八名が記録されており、総計一〇三六人に及んでいる。この数を、「鈴屋門人録」に収める彼の師である本居宣長の門人数四八八人と比較すると、[10]いかに彼の教化活動が精力的であったかを知ることが出来るだろう。

ところで、彼の門人の分布を見ると、宣長の門人が京・大坂に多く分布し、地方都市にあっては名古屋が最も多く、和歌山がそれに次ぐ状態であったことに比べると、大平のそれは全体の三一・五％に当たる三三七人が紀州に集中している。この数に次ぐ地域は彼の故郷伊勢国の一五二人（全体の一五％）であり、いかに紀州に門人が集中していたかを知ることが出来る。また、紀州の門人の分布をさらに詳しく見ると、和歌山城下とその周辺（城下町・名草郡・海部郡）に二七七人が見え、これは門人全体の二六・七％で、紀州門人の八二％に及んでいる。このことから、大平の教化活動の中で、紀州特に和歌山がどれほど重要であったかを如実に示すものといえるだろう。[11]

三　大平と紀伊国造

一方、書状の宛名になっている国造家のこの二十四年間の動きを見ることにしよう。大平が和歌山に移住してきた文化六年の国造家の当主は、飛鳥井大納言家から天明二年（一七八二）に紀伊国造家に養子に入り、七十五代国造を継承した三冬であった。三冬は初め俊庸と称していたが、宣長の「寛政十一年和歌山行き日記」にはこの俊庸の名で、頻繁に宣長と面談したり、その講義を聞いたりしている。[12]そして、寛政十二年九月には鈴門への入門が許されており、大平とは兄弟弟子の関係になる。その後三冬は文政三年九月十四日に、跡継ぎの俊和を早世させており、このため文政六年九月十五日に孫で俊和の長子の尚長に国造職を譲り、二年後の文政八年二月十二日に五十七歳で没している。

三冬から譲りを受けて七十六代国造となった尚長は、安政三年（一八五六）十二月十五日にその長子俊尚に職を譲り、明治十一年（一八七八）に七十一歳で没している。すなわち、和歌山時代の大平と親交を有することのできる紀伊国造は、三冬と尚長の二人であることになる。なお、前掲の「教子名簿」によると、紀伊国名草郡の項に「紀大夫俊和」

と「紀国造八穂主尚長」、それに国造一族と思われる「紀右膳友範」の三人の名が見える。

「紀伊国造次第（冊子本）[13]」によると、俊和は寛政九年に元服し、「時々社務代官、後大夫ト改ム」とある。また、没するに当たって「社務代官十九年」と記されていることから、彼が元服後に「時々社務代官」を行うようになったのは、享和元年頃のことになるだろう。その後「大夫」を称するようになったということから、「教子名簿」の肩書きから推定すると、俊和は大平の和歌山移住前後から文政三年の間に入門を許されたものと考えられよう。

当時なお健在であった三冬の名がこの「教子名簿」に見えないのは、彼が前述のように大平の師である宣長に入門を許されていたからであろう。すなわち、紀伊国造家は親子三代にわたって本居国学の門人だったのである。加えるに、国造家、特に三冬は単なる本居国学の門人、大平の兄弟弟子というだけでなく、大平の和歌山における庇護者的役割を果していたとさえ考えられる。

大平が家督相続のために初めて一人で和歌山へ旅をしてやってきたとき、最初に訪れたのは日前宮であった。また、和歌山移住直前の最後の和歌山への旅は、文化五年九月から翌年二月までに及ぶ、それまでに無く長期の滞在となったが、その間彼は国造家に滞在していたのである。

本書状に見える「御舘被遊御揃」という文言は、以上のように一族ぐるみ門人でありそれがこの地における自分の庇護者に対する感情の表れとして出たものであろう。書面全体が極めて丁重なこともあり、いかに庇護者といえども、自分の門人である尚長に対する書面としてはふさわしくないように考えられる。このように考えると、少なくとも自分の兄弟弟子に当たる三冬に対するものであると考えるべきであろう。すると、宛名が「国造様尊前」となっていることから、彼が国造職を尚長に譲る文政六年九月以前と見ることができるだろう。さらに、「御舘被遊御揃」という一文があることから俊和が健在な頃と思われることから、文化六年から文政三年の間と見ることができるだろう。

おわりに

以上、紀伊国造家に宛てた本居大平の書状を紹介しつつ、かなりの推測を含んで、大平の和歌山における教化活動や紀伊国造家との関係を考えてみた。憶測に及ぶところが多く、不明な点もさらに多い。これらはすべて今後の課題としたい[14]。

なお、この書状は前述のように、懸幅に装丁されており、木製の箱に収められている。そしてこの箱の中に、本資料とともに「月」と題する次のような和歌をしたためた大平自筆の短冊が収められている。

月たちて　来経る日数も　みちかけの　そらにしられぬ　みなみなの顔　大平

長い月日の間に、この外箱に混入したものかもしれない。ただ、和歌の題が九月の「月」であることから、国造からおが玉の枝を送られた後、和歌の会を催し、書状の中で「社友へも見せ」と記していることから、その会で詠まれた一首である可能性もあるだろう。

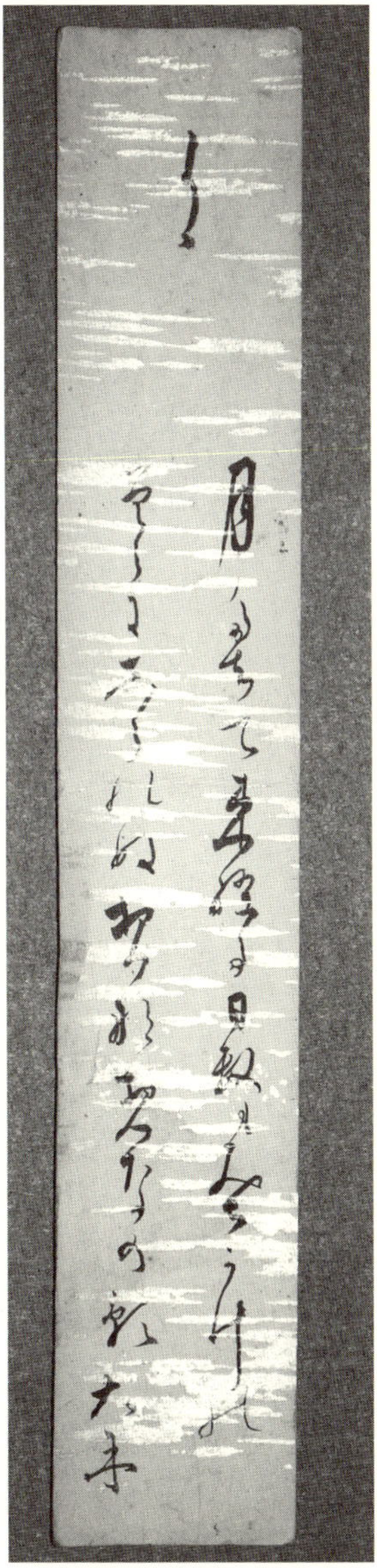

本居大平短冊　月
（個人蔵・和歌山市立博物館寄託）

注

(1) 昭和六十年（一九八五）九月一日付で、和歌山市立博物館に寄託された資料である。
(2) 田中敬忠『紀州今昔』（田中敬忠先生頌寿記念会、一九七九）は、「国学の大家」と讃えている。
(3) 屋代弘賢編、国書刊行会
(4) 『日本国語大辞典』による。
(5) 『世界大百科事典』（平凡社）第二巻の「オガタマノキ」の項参照。
(6) 『官幣大社日前神宮国懸神宮本紀大略』（日前宮、一九一六）による。
(7) 『和歌山県史』人物編は彼の項を設け、「独創性には乏しいものの宣長学を普及させることに力をつくし」たと評価するが、再評価されなくてはならないだろう。
(8) 以下、大平の年譜に関しては『本居全集』首巻（吉川弘文館、一九二六）に所収の小田都子「藤垣内翁略年譜」による。なお、適宜玉村禎祥『宣長大平旅日記』（近畿文化誌刊行会、一九八五）および同『本居大平の生涯』（近畿文化誌刊行会、一九八七）を参照した。
(9) 前掲『本居全集』所収。
(10) 前掲『本居全集』所収。
(11) 『和歌山市史』第二巻第四章三節の3「儒学と国学」（担当三尾功）で、門人分布とその評価がなされているので参照されたい。
(12) 拙稿「本居宣長肖像」（『和歌山市立博物館研究紀要』三号、一九八八）。
(13) 紀俊行氏所蔵資料による。なお、紀氏はほかに二本の国造系譜資料を所蔵しておられる。そのうち「紀伊国造次第（冊子本）」は、私見では明治十九年前後に記録されたものと判断でき、江戸時代中期以後の詳細な状態を看取できるので、以下小稿ではこれによることとする。
(14) 本居宣長の生涯に関しては、城福勇『本居宣長』（吉川弘文館人物叢書、一九八八）を参照したが、煩を避け一々引用箇所を明示しなかった。

追記　小稿で用いた「紀伊国造次第（冊子本）」は、鈴木正信『日本古代氏族系譜の基礎的研究』（東京堂出版、二〇一二）に大略が翻刻されている。

第三章

紀州のやきもの

第一節　南紀男山焼窯の盛衰

はじめに

江戸後期の紀州藩では、多くの焼物が創られた。それらの作品は、藩庫にも多数収蔵されていた。また、今日にも多くの遺品がある。石村賢次郎氏の概観したところによると、江戸期から明治初期にいたるまで、十三種の紀州古陶磁を挙げておられる(1)。中でも、小稿が扱おうとする南紀男山焼は、瑞芝焼・偕楽園焼とともに「紀州三大窯」と呼ばれている(2)。これらは、美術工芸的にも優れた作品を数多く残しており、美術・工芸史の研究対象ともなっている。

しかし、関係資料の少ないことが主な原因となって、それらの史的背景は、未だに充分解明されたとは言い難い。南紀男山焼の開窯から廃窯にいたる諸問題についても、前掲の石村氏の研究をはじめとして、多くの先行論文はあるものの、それがいかなる経緯によって開窯にいたったのか、また何を契機として廃窯になったのかについても、論じつくされたとは言い難い。そこで、小稿は多くの先行論文の成果をもとに、南紀男山焼の開窯から廃窯にいたるまでの史的背景を究明しようとするものである。

一　南紀男山焼窯の推移

南紀男山焼は『南紀徳川史』巻十八の「顕龍公御譜」中の文政十年（一八二七）の項に、

一、十一月廿五日、有田広庄井関村利兵衛之請ニヨリ、男山陶器製造場設立ヲ許ス、近郷庚申山之石ヲ以テ、磁器ノ質トスト云フ、

と記録して、その開窯のことを伝えている。なお、史料中に「利兵衛」とあるのは崎山利兵衛のことである(3)。すなわ

ち、崎山利兵衛が藩に申請して、その開窯が許可されたのである。ところで、石村氏が紹介された安政三年（一八五六）九月の史料には、「男山陶器竃建物とも、開発人崎山利兵衛と申者依願、皆式下ケ遣、向後仕入同人手元ニ而取斗候積りニ有之」とある。(4)これによると、安政三年九月まで南紀男山焼窯の諸施設の全部または相当部分が藩有であったことがわかる。すなわち、崎山利兵衛の申請を藩が許可する形で開窯されてはいるが、その開窯に際しての設備投資は、紀州藩によって行われたと判断できるだろう。また、石村氏は南紀男山焼窯に関係した広井利助の回顧談を採集しておられる。それによると、当時陶器場には、いつも紀州藩御用の大提灯が掲げられており、付近の人々は陶器場を「御役所」と呼んでいたと伝えている。これらのことをもとに判断すると、従来南紀男山焼窯の経営を半官半民と評されることが多いが、ほとんど藩営でなされていたと考えるべきであろう。

このようにして開窯された南紀男山焼窯の窯場などの様子は、『紀伊名所図会』後編巻四に、挿図として描かれている。石村氏の採集された前掲の回顧談によると、全盛時この窯場には、本窯十二基を備えていたという。さらに、陶器場のほかに、家屋・山林・田畑等、およそ四町四方の土地が与えられていたとも伝えている。本窯の基数からしても、極めて大規模な工房であったことがわかる。このことから、南紀男山焼窯において制作された作品の数量は、今日残っている作品の総数を、はるかに上回るものであったと考えるべきであろう。また、同じく「御用留」によると、嘉永元年（一八四八）に風雨によって破損したこの工房に対して、藩は金二四〇両を貸与している。南紀男山焼窯に対する藩の保護の厚さが、並々ならぬものであったことがわかる。

明治維新を迎えて、明治二年（一八六九）に南紀男山焼窯は、御仕入方の職務を継承した和歌山藩開物局の管理下に置かれることとなり、明治四年の廃藩置県を迎えることになる。(5)その後もしばらく南紀男山焼窯での製造は続けられたようであるが、同八年に中心人物の崎山利兵衛が死没し、同十一年に廃窯にいたったという。以上が、南紀男山焼窯のたどった推移の概略である。

なお、南紀男山焼の今日残っている器種は、床飾・茶器・文房具・食器・雑器などである。特に茶器は趣味人の間で珍重されている。しかし、先に見たように本窯の基数から判断して、かなりの大量生産が行われていたのである。このことから、趣味人に珍重され、今日に残されることとなった茶器よりも、今日に残ることもなく廃棄されていった日用雑器の比率がかなり高かったことが推定される。

二　南紀男山焼窯の開窯と治宝

ところで、南紀男山焼窯の開窯に際して、紀州藩十代藩主徳川治宝の果たした役割が、従来の研究ではかなり評価されてきた。それは、治宝がそれまで陶磁器製造の伝統のなかった紀州に、京焼の技術を導入して「偕楽園御庭焼」を始めた人物であることによるものであろう。このため、彼の焼物趣味と南紀男山焼の製作開始とが合致したものと理解されている。

このような理解は、治宝の趣味と個性を援用した推測である。しかし、この推測を史料によって裏付けることが出来るだろう。その史料とは、紀州藩御仕入方に六十年もの永きにわたって奉職した島田善次が、万延二年（一八六一）正月に上書した「愚意存念書」である。[6]これは、島田が自己の職務経験を生かして、紀州藩の国益になると考えられる物産七十品目に関して、思うところを述べたものである。[7]その中に、南紀男山焼のことが見えている。

一、石焼陶器之儀、先年有田郡井関村崎山利兵衛、御国内陶器性合之石見出し私ヱ申出、大坂尾形周平と申陶器師呼寄、利兵衛手前且私宅ニ而試焼仕候上、金沢弥右衛門殿ヱ相伺候処、同所庭先ニ而も尚々試候上、西浜様ヱ申上ニ相成、御庭ニ而御覧思召ニも相叶候御由ニ而、新規陶器場取建之儀、御広敷番并私達ヱ被仰付、則利兵衛存念之通、男山ニ而竈場普請請取計（下略）

史料中、尾形周平は、「大坂」とする点に若干の問題はあるが、京都の名工高橋道八の三男として生まれた人物をさすのであろう。[8]金沢弥右衛門は、文政六年の紀ノ川筋大一揆の鎮圧に出馬した町奉行所役人であり、当時十代藩主治宝に極めて近い立場にあった人物である。[9]また、西浜様とは、治宝が文政七年に隠居して大御所となり、同十年に新造なった西浜御殿に入り、ここを終の棲家としたための呼び名である。

すなわち、この史料によると、崎山利兵衛は、治宝側近である金沢弥右衛門のとりなしによって、男山焼の試作品を治宝に見せることが出来たのである。そして、その作品が治宝の目に叶ったことにより、「私達」すなわち御仕入方などに、窯場の建設が命じられたというのである。まさしく従来の推測のとおり、南紀男山焼窯の開窯の重要な契機に、治宝が存在していたことは事実だったのである。では、その後の経緯の中で、治宝はどのように関係していたのであろうか。この問題は、南紀男山焼窯の廃窯に至る経緯を考察することによって、解明することにしたい。

ところで、崎山利兵衛が治宝に南紀男山焼の試作品を見せたのは、「西浜様ヱ申上ニ相成、御庭ニ而御覧」とあることから、西浜御殿の庭でのことであった。治宝が致仕後、改築なった西浜御殿にはいったのは、文政十年十二月二十五日のことである。しかし、『南紀徳川史』巻十七の文政二年二月二十八日の記事に見える西浜御殿逗留以後、彼は頻繁にここを訪れている。南紀男山焼が治宝の目に叶って官許を得たのは、同十年十一月二十五日のことであるから、文政二年頃以後このときまでに、崎山利兵衛が作品を見せたことになるだろう。このことについて、文政六年の西浜御殿増築竣工を記念して開かれた御庭焼の作品には、それまでの楽焼主体のほかに、多くの磁器が制作されたといわれている。[10]「愚意存念書」に「御国内陶器性合之石」という話が見えるが、崎山利兵衛が治宝に南紀男山焼の試作品を見せたとき、「御国内陶器性合之石」が治宝の目に留まったとすれば、御庭焼に磁器が多く含まれるようになる理由も納得できるだろう。

さらに、「利兵衛手前且私宅ニ而試焼仕候上、金沢弥右衛門殿ヱ相伺候処、同所庭先ニ而も尚々試候上、西浜様ヱ申上ニ相成」とあることから、金沢弥右衛門の家の庭先などでも試焼きをしていることは注目すべきであろう。すなわち、南紀男山焼は有田郡で開窯する以前に和歌山城下あるいはその周辺で試焼きされていたのである。これについて、南紀男山焼官許以前の文政年間に開窯された高松焼窯の跡地からも「南紀男山」の銘を持つ破片が出土しているが、この試焼きとの関係を考慮できるのではないだろうか。[11]

三　南紀男山焼廃窯の経緯

南紀男山焼窯の開窯に際して、治宝の果たした役割は、上述のように極めて大きいものがあった。一方、その廃窯についても、やはり彼の存在を重きと見る考え方が一般的である。たとえば、『和歌山市史』第二巻によると[12]、

男山窯が隆盛をきわめたのは、治宝の保護によるところが大きいが、それだけに嘉永五年（一八五二）末、治宝の死去によりようやく衰退の一途をたどるようになる。

と述べ、南紀男山焼窯の衰退の主な原因を、彼の死であるととらえている。このように理解する背景には、先に掲げた安政三年九月の「御用留」に「男山陶器竈建物とも、開発人崎山利兵衛と申者依願、皆式下ケ遣、向後仕入同人手元ニ而取斗候積りニ有之」として、崎山利兵衛に南紀男山焼窯の諸施設を、払い下げることが見られるからであろう。この史料に注目された中村貞史氏は、これ以後も藩の保護はあまり変わらなかったとしながらも、次のように考察しておられる[13]。

この安政三年の記録以後、藩と男山焼の関係を示す資料は、現在のところ見当たらないが、国産陶器の開発保護に積極的であったといわれる治宝が、嘉永五年（一八五二）に没したことや、幕末から明治にかけての政治的・経済的激変の時代を迎えたことから、藩の男山焼に対する保護が従来と同じでなくなったことは充分考えられる。

たしかに、南紀男山焼窯が民間に払い下げられたのであれば、もはや藩営の「御用窯」ではありえなかったであろう。しかし、そのことが藩の保護を受けなかったことの証左となるであろうか。先に示した「愚意存念書」は、南紀男山焼窯の開窯の経緯を述べた後に、殖産興業に資する物産としての見通しを、次のように述べている。

既ニ今利・瀬戸両所とも年々凡二三十万金程ツヽ之国益場ニ有之由ニ付、右等ニ立越候様相成候ハヽ、往々国益不少候儀ニ付、今一際御世話振御座候様仕度事、

筆者の島田善次は、このように南紀男山焼窯の国益性を、伊万里・瀬戸という陶磁器の名産地の例を引いて力説しているのである。すなわち、少なくとも紀州藩財政部門に重きを成した御仕入方では、幕末の万延二年段階で、南紀男山焼の国益性を熟知していたのである。もちろん、「今一際御世話振御座候様仕度事」と述べていることは、安政三年の民間への払い下げ以後、その保護が充分でないことを指摘しているのかもしれない。しかし、前掲の「御用留」の引用部分について、次のような一文が見える。

然レ共仕込銀同人手元而已ニ而者、可被難行届ニ付、望之者へ銀主申試させ焼方業合手広ニ取斗セ、荒物出来次第銀主方ヱ送らせ候ハヽ、御国産手広ニ相成り可然との御沙汰ニ有之、

この史料によると、安政三年九月に紀州藩は、たしかに南紀男山焼窯の払い下げのために、出資者を募っているが、「御国産手広ニ相成」ることを見込んでいるのである。このことからも、紀州藩は安政三年九月以後においても、南紀男山焼の国益性を充分に了解していたと判断すべきであろう。すなわち、島田善次が「今一際御世話振御座候様仕度事」と述べているのは、伊万里・瀬戸という陶磁器の名産地ほどの国益性を発揮していないからこそ「今一際御世話振」が必要だと訴えているのである。

ともあれ、以上のような理解に立つならば、南紀男山焼窯の経営は、終始紀州藩財政における国益性との関わりから、論じられなくてはならないだろう。そして、このように考えたとき、南紀男山焼窯の開窯に際しても、先に考察した治宝の焼物趣味という要素以外に、財政的な要素を考慮しなくてはならないだろう。

ところで、終始紀州藩の保護を受け続けた南紀男山焼窯も、明治十一年に廃窯することになる。このことについては、その三年前の明治八年に、南紀男山焼窯の中心人物である崎山利兵衛が死亡したことが主な理由であると考えられている。決してそのことは間違いではないだろう。しかし、藩財政と南紀男山焼窯の密接な関係を見るとき、その廃窯の要因として、もっと財政的・政治的なものがあったのではないだろうか。このことを明らかにするため、藩財政との関係をさらに解明する必要があるだろう。

四　治宝の個性と藩財政

紀州藩十代藩主徳川治宝は、寛政元年に襲封し、文政七年に致仕するまで、三十六年間に渉って藩主の座にあった。彼は文政六年の紀ノ川筋を席巻した大一揆の責任を取る形で、藩主の座を斉順《なりゆき》に譲って隠居したが、嘉永五年十二月七日に死去するまで、大御所として事実上藩政を掌握していた。(14)

彼は「数寄の殿様」と評されるほどに、風雅をこよなく愛した人物であった。本居宣長を紀州藩に召抱えたのも彼であるし、近世地誌の白眉と賞される『紀伊続風土記』の編纂を命じたのも彼であった。中でも彼の焼物趣味は、京焼を紀州に移入したもので、当代の一流技術を身をもって体得した人物でもあった。彼は文政二年三月に京都から楽十代吉左衛門旦入を紀州和歌山に招き、御庭焼をはじめている。その後も何度か御庭焼を開き、自ら制作したのである。そのことは彼が隠居後も変わることがなかった。

これほどまでに焼物に造詣の深い彼の目に叶うことは、南紀男山焼窯が官許を受けるためには、まず必須条件であったことは間違いないだろう。しかし、治宝の焼物趣味は、御庭焼に代表されるように、殿中の庭に設けられた窯で、秀作を制作するという極めて小規模なものであった。これまでみてきたように、南紀男山焼窯は本窯十二基を擁する非常に大規模なものであり、そこから作り出される作品は、日用雑器を主体とした大量生産であり、藩財政と直結するものであった。このような南紀男山焼窯の形態が、治宝の焼物趣味の範疇に入るものであろうか。

このような観点にたって、南紀男山焼の開窯を記した『南紀徳川史』の記述を見ると、それは「顕龍公御譜」中の文政十年の項に配列されていることに気づくのである。このことから、『南紀徳川史』の編者は、少なくともその開窯を官許した主体を、治宝ではなく顕龍公すなわち十一代藩主斉順であったと理解していたことは間違いないだろう。紀州藩は、幕末の藩財政再建のために、殖産興業政策を推進するが、藩財政に利する物産を求めていたであろう。そこに出現したのは、治宝の目に叶った南紀男山焼であったと思われる。それゆえに「愚意存念書」に見られるように、南紀男山焼窯の諸施設の新造を、島田善次ら御仕入方に命じているのである。

このように、南紀男山焼窯は、治宝の個性と藩財政の再建という当時の紀州藩内の二つの潮流に一致したことによって、開窯にいたったのである。しかし、開窯後の南紀男山焼窯は、それを見出した治宝の個性よりも、むしろ藩財政の再建という観点から、経営が進められていったものと思われる。

天保七（一八三六）年二月、紀州藩の儒者で藩財政に詳しい仁井田好古が「富国の儀に付存念書」を上書している[15]。これは従来の奢侈を禁じる財政再建策を厳しく批判し、産業を興して流通を活発にし、その流通経路を藩が握ることによって、藩財政を再建しようとする独自の経済政策論であった。その中で「陶器の儀は、世上一統日々入用之品に御座候得者」とその需要の高さを分析し、「手広く為仕度奉存候」とその国益性を訴えている。もちろん、滝本誠一氏によると、これら仁井田好古の意見は、勘定吟味役や大官の反論に遭って、「此存念書等は局の採納する所とならざりしや勿論なるべし」と推測しておられる[16]。しかし、この存念書に対する勘定吟味役の反論の中に、こと「陶器之事」に関しては、次のように述べている。

一、陶器の事
右は段々御世話振も、被為在御座候に付、先男山・宇治両所当時専焼方候事に付、此上手行宜追々繁昌盛致し候得ば、御国中一等相用ひ候様可仕と奉存候、

これは、仁井田好古が陶器生産を保護振興するように訴えたことに対する反論である。そして、ここでは「右は段々御世話振も被為在御座候に付」と述べ、南紀男山焼窯に対するかなりの保護が、すでになされていることを指摘している。もちろん、その保護の程度は、仁井田好古が必要としたものほどではなかっただろうが、「追々繁昌盛致し候得ば御国中一統相用ひ候様可仕」と南紀男山焼窯の将来一層の発展を予見し、その国益性を認めているのである。

以上、見てきたように開窯後の南紀男山焼窯は、藩財政を再建するための、重要な産業として認識されていたのである。それでは、安政三年九月の南紀男山焼窯の民間払い下げは、いかなる意味を有していたのであろうか。この

処置が、あくまでも藩財政を考慮して取られたものであることは、先にも指摘した。しかし、これまでは、藩財政の更なる悪化に抗し切れず、藩が南紀男山焼窯の経営権を放棄したものとして理解されてきた。

たしかに安政年間前後は、それ以前にもまして、紀州藩の財政は悪化し、以後廃藩置県で藩が消滅するまで、それほど好転することはなかった。それゆえに、先のように理解することも無理はないであろう。しかし、「愚意存念書」からもわかるように、その後万延二年段階においても、紀州藩の財政当局者は、南紀男山焼窯の国益性を熟知していたのである。

このような理解に立って、安政三年九月の南紀男山焼窯払い下げにいたるまでの、紀州藩財政当局の動きを見ると、その約三年前の嘉永六年十二月に、勘定奉行から陶器など六品目について、

右是迄御勝手方にて取扱候得共、此度御趣意に付御仕入方へ振込同所にて取扱せ候筈間行届取扱可申事

とみえる。すなわち、御仕入方の扱う品目が増加しているのである。そして、その品目の中に「陶器」が見えるのである。ここで陶器と記しているのは「愚意存念書」の中で磁器の南紀男山焼を「石焼陶器」と呼び、「富国存念書」でも、これを「陶器」と呼んでいることから、南紀男山焼を指していることは明白であろう。

すなわち、南紀男山焼窯はその払い下げに先立って、藩があらかじめその製品の流通経路を掌握していたのである。安政三年九月の南紀男山焼窯の払い下げによって、民間資本が導入され、藩財政の負担を軽くする一方、仁井田好古が「富国存念書」において力説したように、その製品の流通経路を藩御仕入方が掌握することによって、藩庫への収入を確実なものにしようとしたのである。もちろん、南紀男山焼窯の経営者にしてみれば、製品の販路が藩によって確保されている以上、これに過ぎる保護はなかったであろう。

その後明治維新を迎えると、南紀男山焼窯は和歌山藩開物局の管理下におかれることになる。このような経緯を見るとき、治宝によって見出された南紀男山焼窯は、その後終始藩財政の一端を担いつつ、財政当局の保護の下に経営されてきたということが出来るだろう。

むすびにかえて

以上、小稿は南紀男山焼窯の推移を論じてきた。そして、その開窯の契機に第十代紀州藩主徳川治宝という個性豊かな人物が存在していたことを、「愚意存念書」の記述から、より具体的に指摘した。しかし、それとは別に藩財政が大きく作用していたことを明らかにした。さらに、その後の経営についても終始後者の問題が関わっていたことを推定した。

ところで、南紀男山焼窯の廃窯が、一般的に崎山利兵衛の死去を契機とするように理解されている。しかし、開窯に際して、治宝という個性以外に、藩財政という要因が存在したことを理解しえた今、廃窯に際しても崎山利兵衛という個性の死以外に何か存在していたのではないだろうか。

明治維新後も南紀男山焼窯の経営を開物局に管轄させていたことを見るとき、先にも述べたように紀州藩（和歌山藩）財政との関係が大きく関わっていたと考えるべきであろう。すなわち、これまでみてきたように、南紀男山焼窯の経営は藩財政当局の保護の下に成り立っていたのである。

しかし、明治四年に廃藩置県が断行され、藩財政は事実上解体し、かわって中央派遣官である県知事の指揮のもとに、政府財政と直結した県財政が成立するのである。この時に至って、南紀男山焼窯の経営は初めて官（藩）の保護を離れたのである。

そして、それ以後はまったく崎山利兵衛の個人経営的な形態になったと思われる。このことは、南紀男山焼窯が明治四年に藩の保護を喪失したことを意味しているのである。そして、その後の明治八年に、これを持ちこたえていた崎山利兵衛という個性を喪失したため、明治十一年の廃窯に至ったものと考えられるだろう。

注

（1）　石村賢次郎「紀伊古陶磁概説」（『紀伊郷土』十五号、一九三七）参照。

(2) 西本正治「紀州の三大窯」(和歌山城『紀州三大窯展』目録、一九八四)において、これら三種の焼物を一括してこのように述べている。なお、既往の研究成果をまとめたものとして、田中重雄「南紀男山焼について」(『紀州の歴史と文化』、国書刊行会、一九八四)がある。
(3) 『和歌山県史』人物編による。
(4) 石村賢次郎「紀州男山焼の新文献」(『焼もの趣味』四―十一、一九一三)の紹介史料による。
(5) 高嶋雅明『和歌山県の百年』(山川出版、一九八五)のうち、「明治二年の藩政改革」による。
(6) 『和歌山県史』近世史料一所収。
(7) 『和歌山県史』近世史料一の史料解説による。
(8) 加藤唐九郎『原色陶器大辞典』(淡交社、一九七九)による。
(9) 「文政六年組中順気模様荒こころ覚」(『和歌山県史』近世史料三)などに、「奥ノ方の大将御町奉行衆次金沢弥右衛門」と見える。
(10) 『和歌山市史』第二巻第四章第三節の5「西浜御殿と美術工芸」(担当和高伸二)による。
(11) 中村貞史「南紀高松焼について」(和歌山県立博物館『南紀高松焼』図録、一九七二)による。また、田中敬忠「南紀高松焼とその窯跡」(『紀州今昔』、一九七九)がある。
(12) 『和歌山市史』第二巻の第六章第四節の3「西浜御殿に集う人々」(担当、笠原正夫)による。
(13) 中村貞史「南紀男山焼について」(和歌山県立博物館『南紀男山焼』図録、一九七四)による。
(14) 治宝の死亡が発表されたのは、『南紀徳川史』によると翌嘉永六年正月二十日のことであった。
(15) 滝本誠一編『日本経済大典』第四十五(明治文献、一九七〇)所収。
(16) 滝本誠一「富国存念書」(滝本前掲注15の改題)による。

第二節　南紀男山焼名義考

はじめに

南紀男山焼は、瑞芝焼・偕楽園焼とともに、「紀州三大窯」と並び称されている。(1) 有田郡広村の南紀男山焼窯の製品である。生産形態は、他の二窯に比して、極めて大量生産の体制を整えていたらしく、製品は日用雑器が主体であったと思われる。その一方で、伝世品のなかには優品の茶器なども少なくはない[2]。

南紀男山焼窯の開窯は、文政十年（一八二七）のことである。『南紀徳川史』巻十八には、次のように記されている。

一、十一月廿五日、有田広庄井関村利兵衛之請ニヨリ、男山陶器製造場設立ヲ許ス、このときの開窯の経緯をより具体的に示す資料として、島田善次の著した「愚意存念書」がある[3]。それによると、南紀男山焼窯の命名に関係すると思われる次のような記述が見られる。

則利兵衛存念之通男山ニ而竃場普請取計

このことから、窯場が紀州の男山の地に拓かれたことにより、この窯を「南紀男山窯」と呼ぶようになったことがわかる。そして、そこで生産される陶磁器がその窯の名を冠して、「南紀男山焼」と命名されたこともわかる。

ところが、「男山」を「おとこやま」と読むのか、「おやま」と読むのかについては、未だに定見が無いように思われる。事実、和歌山の地方史研究者や古陶磁・陶磁器蒐集家の間でも、両様の呼び方が取られており、多少の混乱も生じているように思われる。そこで小稿は、「南紀男山焼」の本来の読み方を求めようとするものである。

一　「おとこやま」か「おやま」か

『原色陶器大辞典』は、南紀男山焼を「おとこやまやき」で立項している。しかし、『陶器大辞典』巻一は「おやまやき」で立項しており、両者に混乱が認められる。紀州古陶磁器の権威である石村賢次郎氏は、昭和十二年（一九三七）三月刊行の『紀伊郷土』十五号掲載の「紀伊古陶磁概説」の中で、「をやま」という訓を付しておられる。このことから和歌山における地方史研究者の間では、当時「おやま」と呼ばれていたことがわかる。しかし、明治初期の日本で活躍し、大森貝塚を発見したことで有名なアメリカ人動物学者エドワード・モースは、陶器を中心とした日本文化をも研究していたが、その著書『日本陶器目録』によると「おとこやま」と呼んでいたことがわかる。

『紀伊国名所図会』は全二十六冊であるが、初編五冊・二編五冊・三編六冊・後編六冊・熊野編四冊からなっている。「男山陶器場之図」を収める後編巻四は、後編の他の五冊とともに、加納諸平・神野易興によって編集され、挿絵は紀州藩絵師岩瀬広隆が担当した。そして、その刊行は嘉永四年（一八五一）四月のことであった(4)。

嘉永四年といえば、紀州の陶器・陶磁器に絶大な理解を示した大御所徳川治宝が未だ健在なときであり、藩財政の再建を目指す藩当局が、殖産興業のための物産として、南紀男山焼にかなりの援助を行っていた時期でもある。すなわち、『紀伊国名所図会』後編は、まさしく南紀男山焼窯最盛期に編纂されたものであり、同時代史料であるといえるのである。そして、そこには「おとこやま」と訓を付していることから、「男山」の同時代的な訓は、まさしく「おとこやま」であったということが出来るだろう。さらに、明治初年のモースの著書に同様にあることから、その後も「おとこやま」と読まれていたことは明らかであろう。

これに対して、昭和九年に刊行された『陶器大辞典』が、これを「おやま」で立項し、前掲の石村論文が「をやま」と訓を付している。このことから、「おやま」という訓が流布し始めたのは、およそ昭和初年のことであったと考えてよいだろう。すなわち、明治十一（一八七八）年に南紀男山焼窯が廃窯となり、その開窯の経緯自体が、歴史的な事柄となってしまった後に付された訓であったといえるだろう。

以上、本来「おとこやま」であった訓が、時間を経て「おやま」に変化したことを明らかにした。この本来あるべき「おとこやま」という訓になんら重要な意味もなく、このように「おやま」と変化したのであれば、単に文化財資料を意味する符帳の変化に過ぎないことになるだろう。しかし、「おとこやま」の訓を当初与えられたことになんらかの歴史的な意味づけがあるとするならば、その訓はやはり「おやま」ではなく、「おとこやま」としなくてはならないだろう。

二　もう一つの男山焼

南紀男山焼は、紀州有田郡広村の男山に開窯されたことから、その名を得たことを述べた。そして、同時代的にはそれを「おとこやま」と呼んでいたことを明らかにした。このことが正しいとするならば、広村の男山が必ずや「おやま」ではなく、まさしく「おとこやま」と呼ばれていたはずである。また、そのように呼ばれるようになった理由を明らかにしなくてはならないだろう。

ところで、男山焼の名義を求めるべく、史料を検索していると、南紀男山焼とは別に、もう一つの男山焼の存在することを知った。それは、播州姫路の男山焼で、天保三年（一八三二）に東山窯から分窯され、姫路城とは船場川を隔てて西に位置する現姫路市小利木町の男山中腹に開窯したものである(5)。

その開窯の経緯については、天保二年に姫路藩主酒井忠学が、将軍家斉の息女喜代姫を室として迎える際、その贈答品として焼成するために、東山窯から城に便利の良い近傍に窯を開かせたという。姫路の男山焼窯の開窯に当たっても南紀男山焼窯と同様に京都の名工尾形周平がその指導に当たったという。姫路の男山焼窯の製品は藩窯として保護も篤く尾形周平をはじめとする京都の名工たちの指導協力も得ること出来たという。その生産量も多く、茶器などの高級品も多かったと推定されている。また、染付けが主流であったともされている。

姫路の男山焼は、本来東山焼であったものが、姫路男山に窯を移転させたために、その名を得たのである。そして、姫路の男山は一貫して「おとこやま」と呼ばれており、「おやま」と呼ばれたことはなかった。その命名のもととなった男山の地名は、その山麓に男山八幡が所在していたからに他ならない。なお、所伝によると、大坂落城後に姫路城に入った千姫は、在城中毎日城内から男山八幡を遥拝していたという。

三　男山焼と八幡宮

姫路の男山焼命名の由来となった男山は、男山八幡宮の社地であった。この男山八幡宮は、この地の南東に鎮座する松原八幡宮を勧請した神社である。松原八幡宮は、京都の石清水八幡宮の別宮であり、姫路市内を南流する八家川の右岸に広がる松原荘の監理主体である。

石清水八幡宮は、全国に分布する社領の支配をより確実にするため、社領の主な荘園に八幡宮を勧請させることが常套手段であった[6]。姫路の男山八幡宮も、そのような松原八幡宮の社領拡大の方針の一環として、この地に創建されたものであろう。

一方有田郡広荘の広八幡宮は、紀伊国海部郡石清水八幡宮領衣奈荘の管理主体である衣奈八幡宮から勧請されたものである。そして、その伝世する棟札の年紀からその時期は応永二十年（一四一三）であろうと推定されている[7]。すなわち、広八幡宮も姫路の男山八幡宮も同様に、荘園制華やかなりし頃に、荘園管理とその社領の拡大手段として創建されたものであり、ともに播磨・紀伊における石清水八幡宮の先兵的な存在であったといえよう。

石清水八幡宮は、文徳天皇第四皇子惟仁親王の即位を画策していた太政大臣藤原良房が主導して、九州の宇佐八幡宮から山城国に勧請されたものである。『託宣集』によると、貞観元年（八五九）二月二日に、八幡神が、清和天皇を「守護し奉らんとし」て「京都」に座して、「御殿之上」を去らずして「朝廷を守る」と託宣したため、清和天皇の外祖父が山城国巽の男山の地に勧請し、さらに貞観二年に宝殿を造立したものである。すなわち、石清水八幡宮は清和天皇の守護神として、男山の地に創建されたものである[8]。

その後、朝野の崇敬を集め、目覚しい発展を遂げたが、武家の興隆、特に源氏の隆盛によって、石清水八幡宮への崇敬は、さらに高められることになる。清和天皇を遠祖とする清和源氏嫡流源義家が、この八幡宮で元服したため、彼を「八幡太郎義家」と呼ぶようになったことは、あまりにも有名である。そして、源頼朝が鎌倉に幕府を開くと、鶴岡に八幡宮を勧請するようになる。さらに、源氏を負い名とする足利氏・徳川氏の幕府においても、同様の崇敬を集めることになる。

これに対して、宇佐八幡宮は鎌倉時代になると、諸荘園が守護・地頭たちに侵され、衰退を余儀なくされる。そして、このような過程の中で、宇佐八幡宮を勧請して出来た石清水八幡宮も、本家を離れて独自性を発揮するようになる。その呼称も、鎮座地の名を冠して「男山八幡」と通称されるようになるのである。ここに至って「男山」の地名と石清水八幡宮の社名は、不二一体のものとなるのである。すなわち、石清水八幡宮の神威は「男山」の地名をもって表されるようになるのである。そのため、石清水八幡宮の迎えられる地は、往々にしてその鎮座地を石清水八幡宮のそれになぞらえて、「男山」と呼ばれるようになるのである。

その例が、姫路の男山であり、有田郡広村の男山であったといえるだろう。そして、石清水八幡宮の鎮座地は、今日に至るまで一貫して「おとこやま」と呼ばれていたことは明白である。以上の考察によって、南紀男山焼窯の所在した広八幡宮裏の男山の地も、石清水八幡宮の鎮座地と同様に「おとこやま」と読まれなくてはならないだろう。

むすびにかえて

小稿では、「南紀男山」の名義、特に正確な訓を求めるべく考察を行ってきた。まず、現在「おとこやま」と「おやま」の両様の訓が存在することを確認した。そして、南紀男山焼の同時代的な訓は「おとこやま」であり、昭和初期に「おやま」という訓が流布するようになったことを確認した。さらに、同名の姫路の男山焼の開窯の経緯を紹介し、その命名が石清水八幡宮別宮の松原八幡宮を勧請した男山八幡宮にちなむものであることを指摘した。

そして、石清水八幡宮と各地に設けられた別宮の荘園監理と社領拡大の動きの中で果たしたこれら八幡宮の性格に言及し、その社地が石清水八幡宮の通称である「男山」、すなわち「おとこやま」と呼ばれることをも指摘した。衣奈八幡宮を勧請して創建された有田郡広村の広八幡宮も、その社地を石清水八幡宮の通称である「おとこやま」と称したことを推定し、その地に開窯された南紀男山焼窯はその地名によって、やはり「おとこやま」と訓を付すべきであろうと結論付けた。

注

（1）　西本正治「紀州の三大窯」（和歌山城『紀州三大窯展』目録、一九八四）による。

（2）　中村貞史「南紀男山焼について」（和歌山県立博物館『南紀男山焼』図録、一九七四）による。

（3）『和歌山県史』近世史料一所収。
（4）『和歌山市史』第二巻第四章第三節のうち、「紀伊名所図会」（担当三尾功）による。
（5）姫路の男山焼窯経営の経緯については、青木重雄『兵庫のやきもの』（神戸新聞出版センター、一九九三）、及び同「東山焼と播磨の陶磁」（『陶説』三七三、一九八四）によった。ただし、後掲論文では姫路男山焼の移設開窯時期を天保二年としており、この点については今後検討を要する。
（6）『姫路市史』第三巻、第四章三節による。
（7）『紀伊続風土記』巻五九による。
（8）中野幡能『八幡信仰』（塙書房、一九八五）による。

第三節　瑞芝焼雑考

はじめに

瑞芝焼は、偕楽園御庭焼・南紀男山焼と並んで、近世紀州の三大窯に数えられている。[1] 近世の陶磁・陶磁器をテーマとした展覧会では、これら三大窯の作品が、展示場内に絢爛と展示される。一方、偕楽園御庭焼については、それ単体で展覧会が開催されることがあり、南紀男山焼についても然りである。また、それらを対象とした研究論文も、枚挙に暇がない。ところが、管見に入るところでは、瑞芝焼単体で構成された展覧会は昭和五十年（一九七五）に和歌山県立博物館で開催された特別展「瑞芝焼」だけではなかろうか。[2] 当然、瑞芝焼に関する論文も他の二窯に比して極めて少ないのである。

瑞芝焼の現存する作品例が少ないからだとは決して思われない。三大窯の展覧会図録を紐解いても、瑞芝焼の作品群は、他の二窯に比して遜色のないものである。しかも、瑞芝焼の特徴とも言うべき青磁の作品は、同じく青磁作品の遺品のある南紀男山焼の作品に比しても優品であることは誰もが認めることであろう。

もちろん、青磁が瑞芝の作品を代表することは衆目の一致するところであろう。しかし、瑞芝焼の作品群は、青磁のみに留まらず、多くのバリエーションを見せている。その中でも、諸国他窯の作品を模倣した写し物と呼ばれる作品も多数見られる。このように、優れた作品があり、豊なバリエーションをもちながらも、これまで、研究対象とされることが少なかったように思われる。その背景にはどのような要因があるのだろうか。

一　瑞芝焼の盛衰

瑞芝焼に言及した記録類として、『紀伊続風土記』・『紀伊国名所図会』・『南紀徳川史』などがある。まず、『紀伊続風土記』の物産部にはその開窯について、「享和元年より府下鈴丸十次郎家にて焼くものを名草焼といふ」とあり、その開窯を享和元年（一八〇一）として、本来「名草焼」と称していたことを述べている。なお、『本朝陶器攷證』もこの開窯年を取っている。

石村賢次郎氏は、享和元年の開窯とその別名として、「名草焼」・「鈴丸焼」・「滅法谷焼」などの名称があったことを紹介している。(3) 名草は紀ノ川河口の広域地名で、鈴丸は城下北東の町名であることから、その窯の所在地をもって呼称としたものであろう。滅法谷は、『南紀徳川史』によると、この焼物の土が「白鳥関下」の通称「滅法谷」のものを用いていたということから、(4) 陶土の産地をもってその呼称としたものであろう。

しかし、この窯の作品で最も多く銘を有するものは「瑞芝焼」であろう。加藤唐九郎氏は、「瑞芝焼」との命名を十代藩主治宝であるとしている。(5) また、一説によると、治宝がその色を愛でて命名したとも伝えられている。このことから、「瑞芝焼」は瑞々しい芝草の色を表現した青磁を讃えた呼称であろうと思われる。

これほどに優れた青磁の作品群を持ちながらも、薩摩焼・瀬戸焼さらには唐津焼などの写し物が、一方で多数見受けられる。多くの有名地方窯は、一見してそれとわかる特徴を具備している。伊万里焼は染付、織部は青などとその特徴は一目でわかるのである。それぞれの地方窯が、独特な作風を有して、その作風に特化しているのである。

それでは、瑞芝焼は何ゆえ優れた青磁作品への特化がなされることなく、全国諸窯の写し物を手がけたのであろうか。私は、瑞芝焼が坂上重次郎によって、まったくの民窯として出発したことによるものではないかと考えている。民窯であるがゆえに顧客の要望に応える作品を作る必要があったのである。陶器生産の歴史が浅い江戸後期の和歌山にあっては、全国有名諸窯の作品にあこがれる顧客の要望に応えるためにも、写し物を作る必要があったのであろう。

加藤氏は、本窯では常に二、三十人の陶工が従事していたという。[6] この規模からすると、工場制手工業の域に充分に達していたものと思われる。その後、明治二年（一八六九）から翌年まで和歌山藩開物局の傘下に組み入れられ、その後二代目重次郎が経営に腐心した。しかし、二代目重次郎が明治七年に没すると、元係り役人であった北林藤三郎が経営を約一年間引き継いだが、明治八年に閉窯したとしている。なお、石村氏は、その閉窯年を明治八年ないし同九年とする。[7]

閉窯時期を石村氏が上述のように記すのは、二代目重次郎が明治七年に没して、その後約一年北林が経営したというが、その約一年が一年余であれば明治九年にまで及んでいたのではないかと考えたからであろう。ともあれ、近世紀州の三大窯に数えられる瑞芝焼の閉窯年さえもはっきりとはわからないのである。

二　民窯の瑞芝焼

瑞芝焼は、明治八年ないしは九年に閉窯した。その要因は何であろうか。私は、先に瑞芝焼窯が諸国有名窯の写し物を作る背景に、民窯であるがゆえに顧客の要望に応える必要があったと推定した。それでは、瑞芝焼窯にとっての顧客とはどのような人々だったのであろうか。

遺存する瑞芝焼の作品を概観すると、茶碗・水指・香炉・蓋置などという茶器の優品が圧倒的に多く見られる。もちろん、これら茶器は優品であるがゆえに、後代に残りえたのであって、今に残ることもなく消え去った日用雑器も多く作られたものと思われる。それでも、民窯としての瑞芝焼が顧客に応じて諸窯の写し物を作っていたのであれば、日用雑器を所望する庶民よりも、諸窯の写し物である茶器を所望する顧客を大切にしていたことは十分に考えられるであろう。すなわち、瑞芝焼窯の顧客の中心をなすのは、茶道を嗜む武家層や上級商人層であったと思われる。

ところが、明治四年に廃藩置県が断行され、和歌山藩は解体される。そして、城下町の大半を占める武家屋敷地は、それまで藩主からの拝領地であったが、廃藩置県を機に旧藩士に下げ渡されることになった。さらに、明治六年に地租改正が断行されると、広大な武家屋敷地に地租が課せられることになった。広大な屋敷地を下げ渡された旧藩士たちは、地租に耐えかねて、城下町の屋敷地を売却して郊外へと脱出してしまったのである。

幕末、城下町和歌山の人口は約九万人との試算がある。[8] しかし、明治二十二年に全国三十九都市とともに、ほぼ旧城下町を範囲として和歌山市が市制を施行する際の人口は、五万人に満たない状態であった。[9] 幕末から廃藩置県・地租改正を経た明治初年の和歌山市の人口は、ほぼ半減していたことになるのである。

すなわち、民窯である瑞芝焼窯の顧客は、廃藩置県・地租改正を経て半減したことになるのである。その閉窯が地租改正の数年後ということから考えて、瑞芝焼閉窯の主な要因は、城下町人口の半減であったと見ることができるだろう。

瑞芝焼窯の閉窯は、それが民窯であったがゆえに、顧客の半減によるものであった。しかし、民窯なるが故の宿命は、閉窯の要因だけではなかった。周知のとおり偕楽園御庭焼は、藩主の御殿の御庭で趣味として開かれるものである。数寄の殿様といわれる十代藩主治宝が、第一回御庭焼を開催するのは文政二年（一八一九）のことであった。[10] また、藩窯として南紀男山焼窯が開窯するのは、文政十年のことであった。[11]

このように見ると、近世紀州の三大窯と一括されながらも、瑞芝焼窯は最も長い歴史を有していることになる。しかし、その開窯から閉窯にいたる経緯を語る史料は、他の二窯に比べて極めて少ないのである。このことも、瑞芝焼窯が民窯であったことによるものと思われる。

偕楽園御庭焼は、藩主の趣味で開催された。そのため、藩の公式記録にも記され、その作品は下賜品として、麗々しい箱書き等が付されて、後世に伝えられることになる。さらに、御庭焼に参加した人々の中には、それを光栄として、三井高祐のように自家の記録に詳細に記している。[12] 御庭焼なるがゆえに、詳細な記録が後世に伝来するのである。

一方、南紀男山焼窯は藩窯なるがゆえに、藩の正式記録に詳細に記された。また、藩の殖産興業製品としてみなされ、御仕入方役所の記録にも必然的に記されることになる。さらに、幕末の経済を論じた意見書にも語られることになるのである。[13]

しかし、瑞芝焼窯は民窯であったがゆえに、藩はその正式記録に記す体制を整えてはいなかったのである。さらに、民窯からの購入作品であるがゆえに、下賜される偕楽園御庭焼の作品のように、麗々しい箱書きを施されることもなく、その箱書きはおおむね簡素にならざるを得なかったのである。すなわち、瑞芝焼窯が民窯であったがゆえに、他の二窯に比べて歴史的記録類が残りにくかったといえるだろう。

三　記憶による瑞芝焼窯の研究

瑞芝焼窯の歴史を語るとき、必ず挿図として扱われる絵画資料がある。「南紀鈴丸阪上瑞芝滅法谷工場及窯場」と題された作品である。[14] 作者は、『紀伊名所図会』の熊野編の挿絵を担当した鈴木雲渓である。しかし、本紙右上の賛を翻刻している史料は少ない。それによると、「昭和十七年初冬、追想幼年実見写之　七十六翁雲渓鈴木俊」とある。すなわち、鈴木雲渓が昭和十七年（一九四二）に昔日を追想しながら、記憶をたどって描いたのである。

頻繁に用いられるこの絵画資料は、瑞芝焼窯閉から六十五、六年後に描かれたものなのである。そして、鈴木雲渓がわずかに十歳前後の記憶を元に、紡ぎだした作品なのである。だからといって、この絵画資料が瑞芝焼窯を語るにふさわしくないというものではない。資料に乏しい瑞芝焼窯を語る際には、このような記憶による資料をも積極的に活用しなくてはならないのである。

ところで、私はかつて「瑞芝焼松竹写菓子鉢」という個人蔵の作品を見たことがある。[15]「松竹写」とはいかなる窯の写なのか、私にはまったくわからなかった。そこで、郷土史研究者で美術作品の収集家であった方に、その作品を見ていただいたことがあった。その収集家氏は、一見して「これは泉州湊焼の写である」と断言された。私は、即座に「なぜですか」と問い返した。その収集家氏は一瞬困惑したように「これは泉州湊焼の写だから」と答えるだけであった。すなわち、そのとき文献による確実な裏づけを得ることが出来なかったのである。そこで、私は、その収集家氏の言をただ聞き置くだけにすることにした。

後日、またその収集家氏が訪ねてこられた。焼物の展覧会の準備を進めている最中で、眼前には多くの瑞芝焼の作品があった。収集家氏は、その作品を見ながら、「小さな小判印の中に「瑞芝」とだけ書いている作品は、全部写物である」と自信ありげに話された。またもや私は「なぜですか」と問い返した。収集家氏はまたもや困惑したように「大概そうだから」といわれただけであった。

収集家氏が帰られた後、私はその言を確かめるために、瑞芝焼の作品の銘を確認した。そして、それは「大概」ではなくすべてそうであった。もちろん、その時眼前にあった作品の範囲内ではあるが、その後私が目にした作品の内、写物の作品の銘はすべてそうであった。

おわりに

思えば、その収集家氏とは長いお付き合いをいただいていた。しかし、文献を中心に勉強してきた私には、その言の根拠となる史料を常に聞き返す癖があり、随分失礼を重ねてきたものである。

もちろん、その収集家氏の言が、まったく正鵠を得ていると断言することは出来ないかもしれない。しかし、文献史料の少ない瑞芝焼窯を研究する際には、このような経験から得られた記憶を大切にして、検証する必要があるのではないかと痛感している。

小稿は、収集家氏の経験から残された言を、瑞芝焼窯研究の貴重な記憶として、多くの方に知って頂くために執筆した次第である。そして、多くの方々に、収集家氏の言をこれから検証していただくことを切望する次第である。

注

（1）和歌山県立博物館で開催された企画展『紀州徳川家　陶磁の美』（和歌山県立博物館、一九九五）の小田誠太郎「近世紀州の三大窯について」という論考の中でも、これら諸窯を一括して「紀州三大窯」としている。

（2）『瑞芝焼』（和歌山県立博物館、一九七五）。なお、瑞芝焼を総括した「瑞芝焼について」という論考が付されている。

（3）石村賢次郎「紀伊古陶磁概説」（『紀伊郷土』十五号、一九三七）。

（4）『南紀徳川史』「郡制」の「物産誌一」による。

（5）加藤唐九郎『原色陶器大辞典』（淡交社、一九七二）。

（6）加藤前掲書（前掲注5）。

（7）石村前掲論文（前掲注3）。

（8）三尾功「城下町和歌山の土地利用と人口」（『城下町和歌山夜はなし』、宇治書店、二〇一一）

（9）和歌山市の市制施行当初の人口については、『和歌山市要』が五一六〇三人とし、『和歌山県統計書』（和歌山県、一八八九）が四八一三一人とする。一方、和歌山市の市制施行を伝える『大阪朝日新聞』明治二十二年四月十三日付の記事によると、「人口を精査せし処五万人に満たざる」と報じていることから、後者が正鵠を得ているものと思われる。

（10）その第一回開催の経緯は、『南紀徳川史』舜恭公伝に、「御庭焼」の項目が記されている。なお、前掲小田論文（前掲注1）に考察がある。

（11）その開窯の経緯は、『南紀徳川史』顕龍公伝文政十年十一月二十五日条に記されている。なお、前掲小田論文（前掲注1）にそれに関する考察がある。また、その開窯から閉窯に至る経緯については、拙稿「南紀男山窯の盛衰」（『史泉』七十二、一九九〇、本章第一節）を参照されたい。

（12）北三井家六代当主三井高祐の『高祐日記』には、彼が第一回偕楽園御庭焼に参加したことが記されている。

（13）長らく御仕入方役所に勤めた島田善次は、「愚意存念書」（『和歌山県史』近世史料一所収）を著し、経済官僚としての見地から、南紀男山の開窯の経緯や活用策を論じている。

（14）『和歌山県史』近世編（和歌山県、一九九〇）にも挿図として用いられている。管見に入るところ、本史料を翻刻掲載しているものに、『紀州徳川家と豪商三井家』（和歌山市立博物館、二〇〇四、前田敬彦担当）がある。

（15）本資料は、『和歌山のやきもの』（和歌山市立博物館、二〇〇二）に写真掲載がある。

第四節　清寧軒御庭焼と徳川斉順

はじめに

紀州徳川家十代藩主徳川治宝は、周知のとおり「数寄の殿様」と呼ばれ、無類の趣味人であった。中でも、彼が京都の名工を招いて開窯した偕楽園御庭焼は、それまで陶器・陶磁器生産の伝統のなかった紀州に、作陶技術を導入し、折からの殖産興業政策と合致して、大規模陶磁器窯である南紀男山焼窯の開窯を促した。[1] しかし、彼は文政六年（一八二三）に紀州領内を席巻した紀ノ川筋百姓一揆の責任をとるかたちで、翌文政七年に隠居して、西浜御殿を終の棲家とした。

彼の隠居を受けて、十一代紀州藩主を襲職したのは、十代将軍家斉の第七男として生まれ、御三卿清水家を継いでいた徳川斉順であった。彼は、これより以前の文化十三年（一八一六）に治宝の息女豊姫と婚姻し、すでに紀州徳川家に婿として入っていた。そして、紀ノ川筋一揆の勃発する四年前の文政二年に治宝の後継として、宰相に任官していた。その斉順にも養父治宝と同様に、作陶趣味があったことは広く知られている。彼が開いた清寧軒御庭焼はその遺品も多く、藩庫に収められていた作品の目録は『南紀徳川史』百三巻にも記されている。

しかし、清寧軒焼に関する記録が非常に少ないため、その伝承にも若干の不整合が生じている。小稿は、このような清寧軒御庭焼に関する伝承と残存する史料の整合的な理解を試みようとするものである。

一　清寧軒御庭焼の開窯

小稿が問題とする清寧軒御庭焼とは、どのような概念を有するものとして理解すればよいのだろうか。前掲『南紀徳川史』百三巻に収める御庭焼陶器としての清寧軒焼の解説によると、次のように記されている。[2]

顕龍公の御時、天保・弘化の頃、京師の楽吉左衛門を召され、湊御園の清寧軒に於て製させ給ふ楽焼の茶器也、

これによると、顕龍公すなわち紀州徳川家十一代藩主斉順が、天保年間（一八三〇～四四）及び弘化年間（一八四四～四八）の間に、京都の名工楽吉左衛門を招いて、和歌山城下西郊の湊御殿の清寧軒で作陶された楽焼が、清寧軒焼そのものなのである。もちろん、斉順は弘化三年に急逝するため、清寧軒焼の作陶の可能性は弘化三年を下限とすることになるだろう。

ともあれ、この明解な解説を受けて『原色陶器大辞典』の清寧軒焼の項も、「紀州徳川家十一代斉順の和歌山城下湊御殿の清寧軒における御庭焼」であるとし、「養父治宝の西浜御殿の御庭焼（偕楽園）に倣ったもので製作期間は天保（一八三〇～四四）の初めより弘化（一八四四～四八）の初め頃までの十二、三年間」と記している。[3]

清寧軒焼そのものは、『南紀徳川史』の記述によると、「楽焼の茶器」であった。[4] 現在伝世している遺品も、管見に入る限りはすべてが楽焼である。楽窯は比較的小規模で、簡便な構造であるため、楽吉左衛門をはじめとする京都の名工たちが招かれる度に、楽窯がしつらえられたであろうと推察される。『和歌山市史』第二巻によると、斉順の御庭焼として、西の丸焼と清寧軒焼の二種類を上げ、

文政十三年（一八三〇）の「西の丸焼」、天保十五年（一八四四）の湊御殿での「清寧軒焼」がそれである。

と記している。[5] このような考え方は、石村賢次郎氏の考察を元にしているものと思われる。すなわち、石村氏は紀州の古い陶器・陶磁器を概説する際に、西の丸焼きの項目を立て、「京都の楽家に天保元年四月、紀州に招聘せられ、この窯にて製作したといふ古記録が保存されている」として、天保元年（文政十三年、改元）の御庭焼を、天保十五年の御庭焼と峻別して、「西の丸焼」とされたのである。しかし、その一方で石村氏は西の丸御庭焼の「銘印」の特徴として、葵紋と清寧の二様の存在していることを報告しておられる。[6] ところが、前掲『原色陶器大辞典』の記述によると、天保初年から清寧軒焼が開かれていたとの解説が施されていることから、天保元年に楽吉左衛門が和歌山に

招かれて開窯された御庭焼を、明言はしていないものの清寧軒焼と判断しているものと思われる。同様に、小田誠太郎氏も近世紀州の陶器・陶磁器を概説する中で、清寧軒焼について、次のような解説を付しておられる。(7)

一方、十一代藩主・斉順が、和歌山城西の丸および別邸湊御殿内の清寧軒で焼かせたものが「清寧軒焼」である。この窯も、旦入を呼び、文政十三年（一八三〇）、天保元年（一八三〇）、同十二年（一八四一）、同十五年（一八四四）と、短期集中的に焼かせ、作品は楽系統、それも茶碗が圧倒的に多い。印は篆書体「清寧」、「楽」のほか、三つ葉葵紋があり、高台脇に複数押して景色にする場合もある。箱書きは、吸好斎・旦入で、「南紀男山土」と添書きされているものがあり、興味深い。

この小田氏の論述のうち、文政十三年と天保元年は、改元年でその西暦年が示すように、同じ年であり、明らかな重複である。しかし、ここで注目すべきは、石村氏が窯場の所在地をもって「……焼」と分類されたのに対し、小田氏が「和歌山城西の丸および別邸湊御殿内の清寧軒で焼かせたものが「清寧軒焼」である」とされた点である。

陶器・陶磁器の名称は、その窯場の所在地をもって呼称することが一般的であろう。しかし、西の丸あるいは湊御殿で制作された楽焼陶器は、同じく十一代藩主斉順の主導によっており、同じ工人が招かれており、その性質も同じ楽焼である。そして、焼成窯の特長によってその作品の出来が大きく左右されるような陶磁器ではなかった。また、湊御殿での楽焼も、先に述べたとおり非常に簡便なものであり、数年を経て御庭焼が再開される際には、同じ御殿内において新たな楽窯がしつらえられたであろう。このような観点から見ると、窯場の呼称で呼ぶよりも、その遺品の特徴から呼称する小田説の方が、的を射ているといえるだろう。したがって、十一代斉順によって開かれた御庭焼を、一貫して「清寧軒焼」と呼称することにしたい。

さて、その清寧軒焼の開窯について、『和歌山市史』は天保元年と同十五年の二回を指摘している。これに対して、小田氏は天保元年・同十二年・同十五年の三回を指摘している。天保元年は、早くは石村氏が紹介されたように、京都の楽家の文書史料が残っていること、同年の箱書きを有する遺品が残っている(8)ことから、御庭焼が開催されたことは確実であろう。同十二年については、遺品の中に同年の箱書きを有するものがあり、開催されたと推定することは可能であろう。また、同十五年については、先に紹介した『南紀徳川史』百三巻に「天保十五年甲辰冬於御庭清寧軒御出来御焼物数調帳」が掲載されており、多くの作品が列記されている。このことから、天保十五年の清寧軒御庭焼の開催も確実であろう。したがって、清寧軒御庭焼の開催回数は、天保元年・同十二年・同十五年の三回ということになるだろう。

二　清寧軒御庭焼と湊御殿

清寧軒御庭焼の名称については、これまで紹介してきた諸文献が、一致した見解を述べている。すなわち、『南紀徳川史』が「湊御園の清寧軒に於て製させ給ふ楽焼」と記しており、『原色陶器大辞典』が「和歌山城下西端湊御殿清寧軒で焼かれたもの」とし、『和歌山市史』も先に見たように西の丸焼と峻別する態度をとっており、その窯場の所在地を名称としており、「湊御殿での清寧軒」と述べている。小田氏も「別邸湊御殿内の清寧軒で焼かせたものが「清寧軒焼」である」としている。すなわち、湊御殿内の清寧軒において焼成された楽焼なるがゆえに、「清寧軒焼」という呼称で呼ばれていたという論法である。しかし、湊御殿経営の経緯を見ると、この論法には大きな疑問が生じるのである。

湊御殿については、その所在地を三尾功氏が地図上に明示しておられる[9]。その経営の概略については、『南紀徳川史』百六十九巻の城郭邸園の御下屋敷の項に述べられている。それによると、八代藩主重倫の隠居屋敷として利用されており、当初は御下屋敷と呼称されていたが、文化七年十月に焼失した。

その後、文化十一年六月再建起工、同年中十一月十八日落成し、重倫が再度入殿している。しかし、文化十二年二月三日再び焼失し、重倫は近隣の浜御殿に移り住み、その後十八年間再建されることはなかった。しかし、斉順が藩主になってから、天保三年十一月に三度起工して、同五年に竣工している。したがって、第一回目の天保元年の御庭焼は、明らかに湊御殿で開催されたものではないことになる。おそらく、石村氏が推察されたように、その窯は和歌山城内に西の丸に所在していた可能性が高いであろう[10]。

これまでの諸説は、一致して湊御殿内に清寧軒という建築構造物が存在し、その場所で作陶されたことをもって、その名称が生じたと理解してきた。しかし、第一回の御庭焼に際しては、湊御殿そのものが存在してはいなかったのである。しかるに、その際の作品には「清寧」の陽刻印が施されているのである。

天保十二年・同十五年の御庭焼は、おそらく湊御殿で開催されたであろう。しかし、第一回の御庭焼が湊御殿竣工以前であるにもかかわらず、すでに清寧の語が用いられているのである。このことから、この御庭焼の名称の根拠を、湊御殿に何等関係のないところに求めなくてはならないであろう。

三　斉順の焼物趣味

ここで視点をかえて、斉順の襲封から第一回御庭焼開催までの経緯を概観してみよう。先にも述べたように、斉順の襲封は文政七年のことであった。そして、翌文政八年四月九日に初国入りを果たしている。初国入りを果たした彼は、孝子の褒賞と領内の巡撫を行っている。新領主としての仁政を強調したのであろう。

明けて文政九年三月には参勤交代で江戸に参府している。このときの在府は、将軍家の叙任や将軍の紀州江戸屋敷臨邸、斉順自身の叙任などの儀式が重なったため、文政十一年九月にまで及んでいる。そして、文政十一年九月に二回目の国入りを果すが、翌年文政十二年三月には早くも江戸参府を果たしている。したがって、二回目の在国期間は僅かに六ヶ月であった。

そして、文政十三年すなわち天保元年閏三月二十一日に、三回目の国入りを果したのである。石村氏の紹介された京都の楽家の記録によると、その直後の四月に楽吉左衛門が和歌山に招かれているのである。すなわち、一回目の在国は公務多忙であり、二回目の在国はあまりにも短期間であり、三回目の天保元年閏三月から翌天保二年三月までの在国が、藩主として味わうことの出来た初めての尋常な国許での生活であったといえよう。そして、その在国期間の真っ先に行ったものが第一回御庭焼の開催だったのである。

斉順の焼物趣味については、「養父治宝の西浜御殿の御庭焼（偕楽園）に倣ったもの」と評価されてきた。[11] しかし、治宝の偕楽園御庭焼では、文政十年の西浜御殿増築を祝って開催された頃から、それまでの楽焼主体から大量の陶磁器が焼かれている。斉順の焼物趣味が治宝を倣ったというのであれば、そのような傾向が現れるはずであろうが、一貫して楽焼であった。

これらの点から、斉順の焼物趣味は単に養父治宝の趣味に迎合したというようなものではなく、斉順自身に能動的に作陶を行う要因が存在していたと考えるべきであろう。彼の襲封直後の文政十年に南紀男山焼窯の開窯を許可している。私は、かつてこの開窯に焼物趣味を有する治宝の目に叶うことが重要な契機であったが、その後は藩主斉順の下で、殖産興業物産として保護育成されたことを論じた。[12] このような政策を推進した斉順にも、独自の焼物趣味が存在していたと思われるのである。そして、襲封から第一回御庭焼の開催の経緯を見ると、そのような焼物趣味は、襲封以前から具わっていたのではないかと思われる。このことについて、『南紀徳川史』百三巻の清寧軒の解説の末尾に、興味深い次のような記述がある。

江戸御本殿御嫡子様御殿建築場といへる空地の辺にも、陶器製作舎ありて、同しく清寧軒と称せり、蓋し若山に倣はせられ、御在府年には御慰に被遊しものなるへし　当公の御初年の頃迄も存しありて、侍臣仁科五郎次係員となり、各自手作りを試みたりといへり、

この記録によると、紀州藩江戸屋敷の御嫡子様御殿建設場という空地があったという。嫡子御殿の用地であることから、中屋敷赤坂邸のことであろう。その空地に陶器製作のための舎屋があり、その建物を清寧軒と呼称していたというのである。その清寧軒は、「当公初年」すなわち、十四代藩主茂承の襲封年の安政五年頃まで存在していたというのである。『南紀徳川史』の編者堀内信は、この紀州藩江戸赤坂邸の清寧軒について、和歌山の清寧軒に模倣して、

斉順の江戸在府中に趣味として作陶したのであろうと推察している。[13]この堀内の考察は的を射たものであろうか。

『南紀徳川史』は、明治維新後に旧領主紀州徳川家の許可を得て編纂を開始し、明治二十九年に成稿している。[14]その歴史書に「江戸御本殿御嫡子御殿建築場」と記されている空地とは、何を意味しているのであろうか。歴史書編纂時点で空地になっていたのであれば、その空地がなにゆえ「嫡子御殿建築場」と呼ばれていたのであろうか。おそらく、その空地にはかつて嫡子御殿が建てられており、嫡子御殿を取り払った空地であったからこそそのように呼称されたのであろう。

それでは、この空地に誰のための御殿が建てられていたのであろうか。斉順の実子として、後に十四代将軍家茂《いえもち》となる十三代藩主慶福《よしとみ》がいるが、彼の誕生を待たずして斉順は死没する。彼の後を襲職するのは斉順の実弟で、御三卿清水家から彼の養子となった斉彊《なりかつ》であった。彼は斉順の急逝によって弘化三年に襲封するが、斉順の死亡した同年閏五月八日付で、養子相続が公儀から発せられている。そして、彼が江戸城内清水邸から、紀州藩江戸屋敷である赤坂邸の本殿に入るのは、『南紀徳川史』の同公年譜によると、同年六月十一日のことであった。したがって、斉彊は紀州藩赤坂邸において紀州藩主の嫡子としてすごした経験はないのである。

一方、斉順は文化十三年に治宝の息女豊姫との婚儀が整い、同年十一月二十八日に清水邸から江戸城登城を経て、「夫ヨリ此御方へ御引移」とあり、紀州藩江戸屋敷赤坂邸に入殿している。その後文政元年に赤坂邸が焼失し、しばらく青山御殿に仮住まいするが、紀州藩襲封前年に赤坂邸の普請が完了して、赤坂邸に再度入殿している。そして、その翌年の六月六日に治宝の隠居を受けて、紀州藩を襲封している。

このような経緯を見ると、十四代藩主徳川茂承襲封直後まで存在した「陶器製作舎」の「清寧軒を附属させた嫡子様御殿」の主は、まさしく斉順であり、その在住期間は文化十三年から文政元年までの二年間と文政六年から翌七年までの一年間の都合三年間であったということになる。すなわち、文化・文政年間に斉順が治宝の嫡子として、赤坂邸嫡子御殿に生活していた際に、その御殿に不属して建造された「陶器製作舎」が、まさしく「清寧軒」であったと考えるべきであろう。

やがて、彼は養父治宝の隠居に伴い、紀州藩を襲封することになる。このことによって、彼は江戸の紀州藩邸に安住することが許されなくなる。すなわち、藩主として参勤交代を課せられることになり、領国紀州和歌山と江戸の紀州藩邸を一年おきに往還することになる。江戸赤坂邸における嫡子時代に醸成された「清寧軒」での作陶趣味があったからこそ、藩主として風雅を楽しむ可能性が生じた天保元年の国入り直後に、和歌山において京都の名匠楽吉左衛門を招聘して、和歌山における清寧軒御庭焼が開かれたのであろう。ただし、その時点では湊御殿はいまだに再興されていなかったのである。したがって、このときの窯は清寧軒の半製品を多数出土させている和歌山城西の丸で開かれたであろう。

以上の考察に大過ないとするならば、天保元年に和歌山で開かれた清寧軒御庭焼は、湊御殿の建物に由来するのではなく、斉順が嫡子時代に作陶趣味を満喫したと思われる江戸赤坂邸の嫡子御殿に附属した「陶器製作舎」の清寧軒に由来するものであったと理解すべきであろう。

なお、斉順の死後、江戸の清寧軒はその主を失ったことになる。先代藩主であり実兄の造作物である以上、それは斉彊によって適切に保全が図られたであろう。また、嫡子御殿取り払い後も前藩主の造作物としてその保全措置が講じられたと思われる。かつて嫡子御殿だった空地に残った「陶器製作舎」の清寧軒は、茂承の襲封頃まで維持されていたのであろう。そして、その記憶をもとに、堀内は先のような考察を施したのであろう。

おわりに

小稿は、清寧軒御庭焼をめぐる経緯を明らかにするために考察を試みた。まず、和歌山における清寧軒御庭焼の回数を確認した。次に清寧軒御庭焼の呼称が、従来述べられてきたように、城下西郊湊御殿内の建造物に由来するものではないことを確認した。そして、その語が宰相時代に紀州藩江戸中屋敷赤坂邸内の嫡子御殿に附属した「陶器製作舎」の清寧軒に由来するものであろうと提言した。

和歌山における陶器・陶磁器制作の問題を考察する際には、「数寄の殿様」と親しまれた治宝を過大に評価する傾向がある。もちろん、彼の果たした役割がそれほど小さいものではないことは確かである。しかし、その評価の影に斉順の作陶趣味の実態が、これまで埋没していたのではないだろうか。

風雅を満喫できる可能性を得たと同時に、作陶をすばやく始めたことに、斉順の能動的な作陶趣味を見出そうと試みた。そして、斉順の作陶趣味はこれまで、「養父治宝の西浜御殿の御庭焼（偕楽園）に倣ったもの」と評価されてきたが、陶器と陶磁器を併せ行う治宝の偕楽園御庭焼と楽焼のみを行う清寧軒御庭焼を見るとき、単に養父の趣味に迎合したものとはどうしても考えることは出来なかった。以上のようなわけで、斉順の作陶趣味の根源を嫡子時代に求めようとした試論である。文中、かなり憶測を交えた部分も少なくはない。それらは今後の課題としたい。

注

（1）拙稿「南紀男山焼窯の盛衰」（『史泉』七二号、一九九〇、本章第一節）参照。
（2）小稿で引用する『南紀徳川史』は、平成元年清文堂出版復刻発行の洋装十八冊本による。
（3）加藤唐九郎編『原色陶器大辞典』（淡交社、一九七二）による。
（4）河原正彦「楽」（『日本の美術』二三七、一九八六）によると、長次郎の始めた楽窯について「低火度焼成の軟質陶器で、窯も内窯と呼ばれる小規模なもので量産には適さず一碗一碗精製した」とある。
（5）『和歌山市史』第二巻（和歌山市、一九八九）の「西の丸焼きと清寧軒」の項（和高伸二担当）による。
（6）石村賢次郎「紀州古陶磁概説」（『紀伊郷土』十五号、一九三七）による。
（7）小田誠太郎「近世紀州の三大窯について」（和歌山県立博物館図録『陶磁の美』、一九九五）による。
（8）『陶磁の美』（前掲注7）目録番号六五参照。以下、遺品の制作年代については、前掲図録の情報による。
（9）三尾功「西浜御殿と養翠園」（『和歌山市立博物館研究紀要』九号、一九九四）による。
（10）和歌山城西の丸での発掘調査を担当した大野左千夫氏のご教示よると、楽窯からの一括投棄と思われる遺構が西の丸で発見されており、出土品に「清寧」の刻印を有するものが多数出土したとのことである。
（11）『原色陶器大辞典』（前掲注3）による。

（12）拙稿「南紀男山焼窯の盛衰」（前掲注1）。

（13）『原色陶器大辞典』（前掲注3）は、「なお古記録によれば、在府中の慰みとして江戸邸内に窯を築きまた清寧軒と称したという」と解説している。ここで述べる「古記録」とは、管見に入るところ『南紀徳川史』であると思われる。しかし、前掲『南紀徳川史』の記述は、堀内の聞き取り調査の成果を収めたものであり、そのうち「蓋し和歌山に倣はせられ、御在府年には御慰に被遊したものなるへし」の部分は、聞き取り調査の成果ではなく、堀内自身の推察である。したがって、この部分とそれ以外の部分とでは、同じ『南紀徳川史』といえども、まったく性格の異なる記録であることを十分に注意しなくてはならないだろう。

（14）『南紀徳川史』の編纂過程については、『和歌山市史』第三巻（和歌山市、一九九〇）の「南紀徳川史の編さん」の項（小田康徳担当）に詳しい。

追記　小稿発表後（『和歌山市立博物館研究紀要』十五号、二〇〇一）、中村貞史「西の丸焼と清寧軒焼」（『和歌山地方史研究』四二号、二〇〇二）において、不備の指摘を受けた。それらの件についてては、本書に収載するに当たってできるだけ補正を行った。

中村氏は赤坂邸嫡子御殿と「陶器製作舎」清寧軒の因果関係について疑問を投げかけられる。たしかに『南紀徳川史』の記述を見る限り、因果関係を積極的に示唆する記述はない。しかし、斉順の住した嫡子御殿と「陶器製作舎」の位置関係から見て一概にその因果関係を否定しきれないのではないかと思われる。また、清寧の刻印と湊御殿清寧軒の関係について、清寧の刻印がまず存在し、その後再興なった湊御殿の建造物が、その刻印にちなんで清寧軒と命名されたと推定される。湊御殿再興の経緯を理解するならば、清寧軒焼の命名を湊御殿清寧軒に由来するとする従来の説に比して十分に納得できる推察であろう。

しかし、私は斉順の焼物趣味が治宝の偕楽園焼と異なった独自性を有していること、襲封後の初めての余暇に真っ先に御庭焼を開催していることから、彼の焼物趣味の根源を、襲封以前に求めるべきではないかと考える。もちろん、小稿も憶測に憶測を重ねたものであり、諸賢のご批判を仰ぐべく、改めて本書に収載した次第である。

なお、和歌山県立博物館所蔵の「天保六年ヨリ同十二年迄御造営御本殿表奥大奥広敷四分計御絵図と赤坂御殿」という、赤坂邸の間取図のあることを知った。その奥部分中庭に面した所に「清寧軒」という施設が明記されており、構造は土間と思われる。これがまさしく「陶器製作舎」であると思われる。ただし、この状態は天保六年～同十二年の状態であることから、小稿で述べたように文化・文政期まで遡れるかという問題は、今後の課題としたい。ただ、この構造物が斉順襲封後のものであれば、何故に赤坂御殿の本殿ではなく、嫡子御殿に付属させたのかという疑問が生じるだろう。このことから、本構造物は斉順龍潜当時のものであったと考えるべきではないだろうか。なお、本絵図については高橋克伸氏（和歌山市立博物館総括学芸員）にご教示を得たことを記して、謝意を表したい。

第四章

近世の終焉、そしてその後

第一節　岩瀬広隆筆賑糶之図の歴史的背景

はじめに

和歌山市立博物館では、平成二十一年度（二〇〇九）資料購入費によって、岩瀬広隆筆賑糶之図を購入し、館蔵資料とすることが出来た。当館では平成二十年度に紀州藩お抱え絵師岩瀬広隆の特別展を開催したこともあって[1]、彼の作品への興味がたかまり、岩瀬広隆の作品について、博物館に問合せされることも多くなった。小稿で、その歴史的背景を考察しようとする賑糶之図も、市民が問合せのために博物館に持ってこられた資料である。

しかし、賑糶之図を実見したのはこの資料が初めてではない。すでに、当館が昭和六十一年（一九八六）に開催した幕末紀州の三大画人という企画展で展示し[2]、その概要については島昌代氏によって紹介されている[3]。そのこともあって、この作品に関する予備知識は少なからずもっていた。ただ、描かれている群衆の多寡に、明らかな差異が認められることから、今回のこの資料が、かつて当館に展示した作品ではないことがわかる。そこで、かつて当館が個人からお借り受けして、展示させていただいた賑糶之図を、以下個人蔵本と呼ぶことにしたい[4]。

すなわち、同じ資料名称のものが、複数存在するのである。慶応二年（一八六六）という年紀が明示されており、画題が「賑糶之図」と記されているのである。「賑」は文字通り「にぎわい」であり、「糶」は「うりよね」すなわち米の売出しであることから、米の売出しに城下町の市民が殺到する様子を描いたものであることがわかる。しかも、そのような資料が複数存在していることが確認されるのである。

幸い、この図が描かれた慶応二年の城下町の様子は、町大年寄が書き綴った御用留[5]が現存しており、かなり具体的に知ることができる。小稿では、このたび館蔵資料となった賑糶之図（以下、本資料）を紹介するとともに、この

岩瀬広隆筆賑糶之図（和歌山市立博物館所蔵）

図に描かれた歴史的な背景に言及しようとするものである。

一　和歌山市立博物館所蔵賑糶之図

本資料は絹本著色で、本紙の法量は縦三四・八cm、横四四・三cmである。個人蔵本の法量は、縦三四・七cm、横五〇・六cmであるから、若干異なりがある。本資料も個人蔵本も描かれている構図は、まったくといってよいほど近似しており、それぞれの本紙には、三つの寺院が描かれている。各寺院は霞で区画され、それぞれが独立して描かれている。各寺院とも、その境内の広場に米俵がうずたかく積まれ、市民が群集している様子が描かれている。画面左下部に、「賑糶之図」とあり、その左に一行で「慶応丙寅初秋」と記されている。「慶応丙寅」は慶応二年で、「初秋」は七月の旧名である。すなわち、この慶応二年七月が本資料の制作時期を示しているものと思われる。

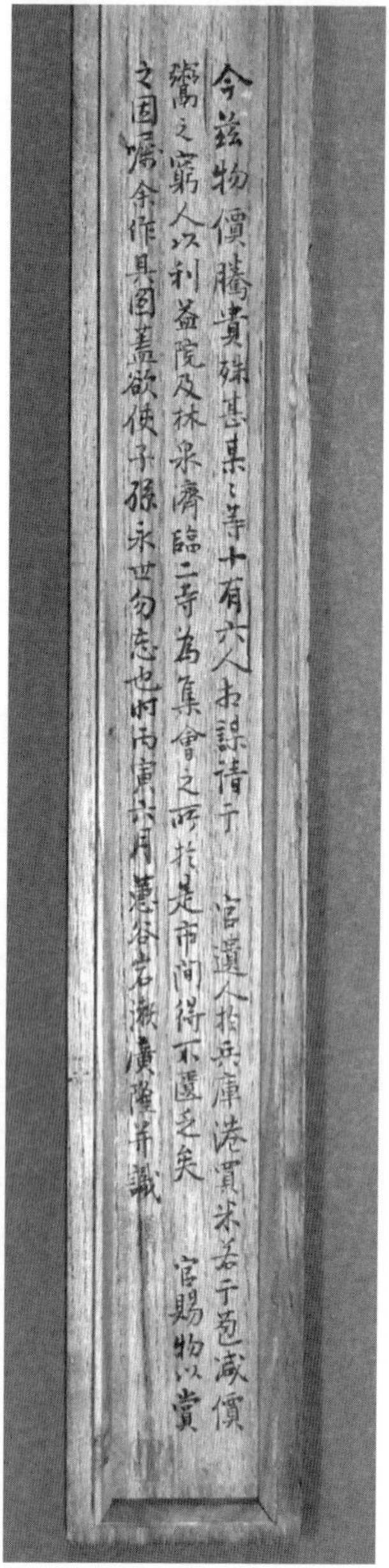
岩瀬広隆筆賑糶之図収納箱銘
（和歌山市立博物館所蔵）

本資料は、四方桟蓋の収納箱に収められている。単なる桟蓋ではないことから、かなり丁重な扱いがなされていたものと思われる。この収納箱が本来のものであることは、その蓋の内側に、かなり詳細な広隆による箱書きが記されており、その内容が、本資料の構図並びに内容と一致することからも、判断することができる。その箱書き全文は、次のように記されている。

今茲物価騰貴殊甚、某々等十有六人相謀請于官、遣人於兵庫港買米、若干苞減価、鬻之窮人、以利益院及林泉・済臨二寺為集会之所、於是市間得不匱乏矣、官賜物以賞之、因嘱余作其図、蓋欲使子孫永世勿忘也、時丙寅六月、

蕙谷岩瀬広隆并識

「今茲物価騰貴殊甚」は、近頃物価高騰が甚だしい、という意味であろう。「某々等十有六人相謀請于官、遣人於兵庫港買米」は、何がしかの十六人が相談して、藩に申請を出して、兵庫港で米を買い付けたということになるだろう。「若干苞減価」の「苞」は「包み」のことであるから、米の収納袋で俵と考えてよいだろう。すると、若干一俵当たりの価格が安かったと理解してよいだろう。

「鬻之窮人、以利益院及林泉・済臨二寺為集会之所、於是市間得不匱乏矣」とあるが、「鬻」は、「ひさぐ」すなわ

ち売りさばくという意味で、「賈乏」は「乏しい」という意味であるから、これを窮人に売るということで、利益院・林泉寺・済臨寺を販売所としたと理解できる。このため、城下町の町人は少なからざる米を得ることが出来たという意味になるだろう。「官賜物以賞之」とあるのは、藩がこれを賞して物を与えたということであろう。

「因嘱余作其図」とあるのは、よって藩が私に命じてその図を作成したという意味になる。ここで注意しておかなくてはならないことは、「令作其図」と広隆を使役する文章になっていないことである。すなわち、この図は藩が広隆に命じて、広隆の好きなように描かせたのではなく、藩の意向のもとに藩が作成したものであるということが明記されているのである。「蓋欲使子孫永世勿忘也」とあるのは、思うに子孫にこのことを永久に忘れさせないためだとしている。もちろん、子孫の記憶に留めさせておきたいという意志を発動したのも広隆個人ではなく藩であることはいうまでもない。

「時丙寅六月、蕙谷岩瀬広隆并識」は、時に慶応二年六月、岩瀬広隆が描き、この文章を記すということになるだろう。ただ、本資料本紙には「初秋」すなわち七月のこととしながら、箱書きには六月とあることに、若干の疑問が残る。しかし、後述するごとく、本資料に描かれた事象が六月のことであることから、これらの事象が六月の出来事であったという意味で記されていると理解してよいだろう。

ところで、岩瀬広隆の作品のなかでも、広隆自筆による箱書きで、本資料の箱書きほどに詳細な銘は、管見に入るところ希有ではないかと思われる。広隆の作品は非常に数多く伝世しており、彼の創作した総量もかなりに達したと思われる。そのため、箱書きや款記はかなり省略された簡便なものがほとんどである。それにもかかわらず、本資料の箱書きは詳細を極めており、その収納箱も四方桟蓋という比較的丁重な拵えになっている。このことも、広隆による本資料の制作が、広隆の個人の意思によるものではなく、紀州藩の公式な強い意志によるものであったからであると思われる。すなわち、本資料の制作は、画人広隆の個人的な行為ではなく、紀州藩お抱え絵師である岩瀬広隆の公務として行われたものなのである。

この箱書きから、本資料に描かれている三ヶ寺が、利益院・林泉寺・済臨寺であることがわかる。なお、箱書きで「利益院及林泉・済臨二寺」と記されているのは、この三ヶ寺の優劣・序列を示しているものではないと思われる。利益院は城下住吉町の住吉神社の別当寺であるため院号を称している。これに対して城下新町に所在した林泉寺と下町に所在した済臨寺は、寺号を称している。箱書きの簡潔を期して、寺号を称する二ヶ寺を一括するためにこのような表記になったのであろう。

ところで、本資料中央下部に最も大きく描かれている寺院の中央に、大きな鳥居をみることができる。他の二ヶ寺には鳥居が見えないことから、この寺院が住吉神社別当寺の利益院であると見てよいだろう。この利益院の上部に霞を隔てて描かれている寺院の最奥に本堂が描かれているが、それに正面することなく四本柱の門が描かれている。本堂に正面していないことから、明らかに山門ではないと思われる。このことに関して、『紀伊続風土記』の済臨寺の項に、同寺境内に僧坊門があったとされており、その構造が「四足造」であったと記されている。このことから、利益院の上部に描かれている寺院が済臨寺であったと見てよいだろう。したがって、本紙左手に描かれている寺院が、林泉寺であると考えられるだろう。

以上、本資料の観察から得られる情報をまとめた。慶応二年六月に城下町の十六人の申請によって、城下三ヶ寺で兵庫港から買入れられた米の販売が行われたことを、永く記憶に留めるために、藩の強い意志によって本資料が制作されたのである。それでは、その背景にどのような歴史があったのだろうか。

二　救助米廉売の実施過程

慶応二年六月に、城下三ヶ寺で米の販売が行われた。幸いにもこれを前後する期間の町大年寄が書き綴った御用留が伝来している。その御用留から、賑糶之図の制作された背景を、以下できるだけ詳細に辿ってみることにしたい。まず、慶応二年四月三日付御用留によると、次のように記されている。

寄合町
両替　嘉兵衛

此節、米穀日々高直ニ相成、市中有米払底之折柄、入船も無之趣を見込、早速兵庫表江罷越、骨折買来り候他所米、爰ニ而者直段格別相開候処、右利益ニ不拘直段ニ而売上度旨、申出候段奇特成儀ニ付、売上させ、依之大年寄格申付也

四月三日

これは、寄合町で両替商を営む嘉兵衛の案件として記されたものである。四月三日のものであるので、六月の米の販売とは約二ヶ月も早いことから、一見本資料とは無関係かとも思われる。しかし、その内容から、まさしく本資料に関係しているのではないかと思われる。その内容を要約すると、およそ次のようになる。

近頃米価が高騰し、城下町の在庫米も払底している。また、他所からの移入米を積んだ入船も無い様子である。そこで、早速兵庫港へ行って苦労の末他所米を買い求めた。兵庫港では米価が安かったが、利益を度外視して売り捌きたいという考えは奇特であるので、販売を許可して、申請者たちを城下の大年寄に準じるよう申付けた。

すなわち、慶応二年の米価高騰に当たって、嘉兵衛は兵庫港で安価な米を買入れたという点は、本資料箱書きの内容と一致している。また、「直段格別相開候処、右利益ニ不拘直段ニ而売上度」とあることから、その買入米を廉売したいと申請していたことがわかる。すなわち、本資料に描かれている三ヶ寺に市民が群集しているのは、米価高騰下における米の廉売だったからだとすれば、極めて整合的に理解することができる。

この日付が四月三日であることから、嘉兵衛が兵庫港で米を買入れたのは、三月末か四月当初のことであろう。実際に本資料に描かれた米の販売が行われる二ヶ月も前の事だったのである。なお、ここで注目すべきは、「依之大年寄格申付也」とあることである。すなわち、米の廉売を行うことによって、申請者である嘉兵衛が大年寄に準じる扱いを藩から受けることになったのである。

箱書きの内容から、米の廉売を申請したのは十六人のはずである。したがって、嘉兵衛はその十六人の代表者として記されているが、他のものもそのような扱いを受けたと考えることができるだろう。なお、嘉兵衛は前後の御用留から類推しても大年寄ではないと思われる。また、天保九年紀陽持丸鑑(6)によると、長者番付の行司として両替商嘉兵衛が見えることから、城下町の新興商人ではないかと思われる。

ただ、四月三日の時点では、兵庫港からの買入米があること、その廉売が藩によって聞き届けられたこと、それによって申請者たちが大年寄の扱いを受けるべきことが達せられているが、廉売の具体的な日程は明らかにされていない。おそらく廉売を実行するためには解決しなくてはならない事情があったものと思われる。そのことを示すものとして、慶応二年五月二日付の御用留に、次のように記されている。

五月二日昏六時比、町会所より左之廻分廻付、
即刻吉之丞殿江両通共相廻ス、
津田伊助初十六人之者より買入候他所米之内、此節難渋之向江元直段より引下ケ、救売致度段申出候間、此段為念御申合いたし候、依之如此御座候、已上、
六兵衛
弥四郎
小池五兵衛様
清水平右衛門様　塩谷善八
平松治兵衛様　兼　七
沼野吉之丞様
御別紙之通田中氏を以被仰聞候付、丁々江御当番様より之御廻状差出申候、右ニ付御仲間様江之御廻状認上申候、御了簡も不為在候ハヽ、向寄より御廻し被遊可被成下候、依之奉申上候、已上、

五月二日

これは、津田伊助ら十六人が買い入れた他所米を、このたび困っている城下町人に廉売したいとの申し出があったので、この件について相談いたしたいという内容である。なお、ここでは「津田伊助初十六人」とあることから、本資料箱書きの内容と一致している。この津田伊助も大年寄とは認められない。そして、天保九年紀陽持丸鑑によると、長者番付の行司見習として見える。このことから、津田伊助は嘉兵衛以上の新興商人であったと思われる。

嘉兵衛の申請が許可されて約一ヶ月後に、まだ相談がなされているのである。このことから、嘉兵衛の買入米と津田伊助らの買入米とは、別件かもしれないと思われるかもしれない。しかし、津田伊助らの買入米が実際に廉売されるのは、この相談をしてよりもさらに一ヶ月後のことを考えれば、嘉兵衛の買入米と津田伊助の買入米は同一のものと考えて差支えないだろう。

しかし、藩の方針は明らかに四月三日に出されていたはずである。それにもかかわらず、五月二日段階でなおも相談をしているのである。このことに関して、同年四月五日付の御用留が参考になるのではないかと思われる。同御用留は次のように記されている。

四月五日夜九ツ時比、土井毛兵衛殿より、左之廻状相廻り候ニ付、即刻沼野六郎右衛門殿へ相廻ス、

大急ギ

小川長右衛門様　　清水長之右衛門

沼野六郎右衛門様　　懸下彦十郎

小池五兵衛様　　中村弥四郎

沼野六兵衛　　岩崎毛大夫

土井毛兵衛様

過刻、御沙汰之品ニ付、尚又被仰聞之品有之候付、明六日御登城迄申詰、御達可申上儀有之候付、極早朝町会

所へ御出勤可被成候、以之早々如此御座候、已上、

四月五日

当番

これによると、先に藩から命令のあった件に関して、さらに追加の命令があったので、来る六日に登城して、具体策を回答しなくてはならないので、明日早朝に町会所に相談のため集合してほしいとのことである。四月五日の夜九ツ頃の廻状によって、六日に登城して、「御達可申上儀有之候付」ということであった。すなわち、大年寄たちの方から相談の上で藩に上申すべき問題があったことを示しているのである。

ここでは「御沙汰之品」とのみあって、具体的な案件が示されていない。しかし、これが買入米廉売に関わる諸問題を示しているのではないかと思われる。そして、その諸問題は、四月三日に方針を決定した藩にあるのではなく、四月六日に上申しようとした大年寄側にあったものと思われる。その諸問題がなにであるかを示唆してくれるのが、次に示す慶応二年五月四日付御用留であると思われる。

右同刻左廻状、中村兼助方より相廻、即刻東沼野氏へ廻ス

此程御申合致候三毛利兵衛初拾六人之者より、別紙写之通書付差出し候付、御達申上候処、御聞筋ニ相成、明後六日より売出し申度趣、右ニ付御掛り役人衆且御互ニも出張候筈ニ付、左之ケ所へ朝五ツ時より御出張可被成候、依之御申合いたし候、已上、

五月四日　　六兵衛

下ケ紙　支度之儀ハ弁当申付有之候間、御携ニ不及申故申出候

町仲間拾六人当

林泉寺へ出張　湊済臨寺へ　利益院へ
小川長右衛門　沼野六兵衛　中村兼助
懸下彦十郎　中村弥四郎　平松次兵衛

岩崎毛大夫　　清水平右衛門　森十右衛門

右

外ニ三毛利兵衛初十六人之者、願書売渡石数三百石

買元七百九拾匁之処、七百目替ニ而売候段、且三ヶ所売場所之儀も、右之通申出有之

外ニ米屋年行司共差支無之旨、大年寄当ニ認出候書付写共

これによると、兵庫港から買入れた米の廉売は、五月六日から林泉寺・済臨寺・利益院の三ヶ所で行われる予定になっていたことがわかる。そして、各寺院には藩役人とともに立ち会う町大年寄が三名ずつ記されている。さらに、下げ紙には、各売り場での弁当の用意がなされていることも記されている。

「町仲間拾六人当」とあるのは、米を買入れた津田伊助ら十六人のことであろう。すなわち、廉売米の計画をした商人たちも、各売り場に立ち会うことになっていたことになる。さらに、廉売米を計画した人物として、三毛利兵衛の名前が見えている。三毛利兵衛は、前掲の持丸鑑では東の大関として「新中ニ　三毛屋利兵衛」とある人物であろう。この人物も町大年寄ではない、城下の有力商人であったと思われる。

また、三毛屋たちが兵庫港から買入れた廉売米の総量は、三百石であることも判明する。さらに、「外ニ米屋年行司共差支無之旨、大年寄当ニ認出候書付写共」とあることから、この廉売に際して、城下町米穀商の了解が取り付けられていることがわかる。これこそが、四月に購入した廉売米を、即座に販売することの出来なかった最大の理由ではないかと思われる。

すなわち、藩が米の廉売を決定したとしても、城下町町人の権利を代表する町大年寄としては、米穀販売の既得権を有する城下町米穀商の了解を取り付ける必要があったものと思われる。そして、五月四日に至ってその了解が取り付けられたため、五月六日からの廉売が予定されることとなったものと思われる。しかし、それでも廉売はこの予定通りには実行されなかった。同年五月二十四日付の御用留によると、次のように記されている。

五月二十四日七半時比、町会所より左之廻文差越候付、即刻高木氏江相廻ス、

別紙救売之出割相認候間、夫々朝飯後、同所ニ御出張可被成候、已上、

五月廿四日　　長右衛門

　　　　　　　六兵衛

支度之儀ハ夜弁ニ而申合候筈、

晦日四日目　　　　六月朔日五日目

臨済寺　幸次郎　　済　十郎左衛門

利益院　六郎右衛門　利　五兵衛

林泉寺　毛兵衛　　林　六郎兵衛

六月二日六日目

済　長之右衛門

利　吉之丞

林　伝吉

右

これによると、廉売のための町大年寄の各場所への当番が記されている。「晦日四日目」とあるのは、五月晦日のことで、その日が廉売四日目に当たることを意味していると思われる。慶応二年の五月は小の月であるから、晦日は二十九日に当たる。[7] 廉売一日目から三日目までの当番表が記されていないが、これによると廉売は五月二十六日が第一日目で開始される予定であったことがわかる。もちろん、この御用留に記されている内容も予定である。しかし、同年六月二日付御用留によると次のように記されている。

六月二日夜六ツ時比、掛下彦十郎殿より左之廻状相廻り候ニ付、即刻中村兼助殿へ相廻ス、

尚々、御遅刻無之様訳而申出候ニ付、為念得御意候

救助米今日相済候ニ付、猶御相談等申度候ニ付、明三日昼飯後早々利益院江御出張被下候様、十六人より申出候、自然御病き等ニ而御欠席ニ候ハヽ、其段御名前下江御記しを可被下候、已上、

六月二日

毛大夫

これによると、六月二日付で「救助米今日相済候ニ付」とあることから、五月二十四日付御用留の予定通り廉売がなされたものと考えられる。すなわち、本資料に描かれている三ヶ寺に廉売米を求めて市民が群集する様子は、慶応二年五月二十六日から六月二日までの六日間の事であったといえるのである。

以上みてきたように、四月当初までに兵庫港で買入れられた救助米は、四月三日に藩の方針として廉売が決定された。しかし、城下町米穀商の了解を取り付ける必要があったため、五月六日からの廉売が予定されるようになった。しかし、実際には五月二十六日からの六日間の廉売が実施されたのである。米穀商の了解を取り付けながらも、廉売実施がこのように遅れたのは、どのような事情があったのであろうか。そのことを示す史料は管見に入るところ知ることはできない。そこで、視点を変えてこの問題を考え直すことにしたい。

三　救助米廉売の背景

五月四日付の御用留によると、五月六日からの廉売開始予定を記すとともに、救助米の概要が記されている。廉売米に宛てられた兵庫港で買入れた米の総量は、先に見たように三百石である。そして、「買元七百九拾匁之処、七百目替ニ而売候段、且三ヶ所売場所之儀も、右之通申出有之」とも記されている。

「買元七百九拾匁」とあるから、兵庫港での買入価格が銀貨七九〇匁であったということであろう。その米を和歌山城下で「七百目替ニ而売候」とあることから、仕入れ値の約一割強を差し引いて廉売しようとする計画であったことがわかる。先述のとおり、この買入れは慶応二年三月末か四月当初に買入れられたものと思われる。

慶応二年四月一日の大坂での加賀米の銀立て相場は、七〇五・三匁であるから、[8]流通コストを加味すれば、神戸で七九〇匁で買入れたという米価は、妥当な価格といえるかもしれない。ともあれ、一石当たり七九〇匁の価格で、総量三百石を買入れたというのであれば、救助米買入れに要した銀貨は、二十三万七千匁になる。金貨と銀貨の換算は、およそ六〇匁が一両であるから、三九五〇両になる。また、一石につき九〇匁の差損を見込んでいることから、廉売米がすべて売れたとすれば、三毛屋利兵衛ら十六人の城下町商人は、総計四五〇両の損を蒙ることになるのである。

城下町和歌山には、四千両近い資金力を有し、たった六日間で四五〇両の損を顧みない剛毅な有力商人が存在していたことになるのである。そしてその剛毅な城下町商人こそが、両替商嘉兵衛・津田伊助・三毛屋利兵衛たちなのである。

救助米廉売を計画して実行した十六人のすべての商人の名前はわからない。しかし、御用留から判明したこれら三名は、先述したとおりいずれも町大年寄ではなかった。しかも、四月三日付御用留からわかるように、これら十六人は救助米廉売を行うことによって、「大年寄格」として扱われることになったのである。

先に見たように、天保九年の長者番付である持丸鑑によると、三毛屋利兵衛は東の大関で長者番付筆頭である。両替商嘉兵衛は行司、津田伊助は行司見習である。いずれも城下町和歌山で屈指の富裕商人であることがわかる。これに対して、御用留回達の状況から知ることのできる当時の町大年寄は、その持丸鑑に沼野六兵衛が頭取として見えるが、すべてがそこに見える訳では無い。

城下町の町人を代表する町大年寄は、多くが苗字帯刀を差し許されて、高い権威と古い家柄を誇ってきた。しかし、幕末においてはもはや町人社会にすぐれて卓越した存在ではなかったのである。すなわち、町大年寄を拝命することもない三毛屋利兵衛ら新興商人層が台頭する状況の中で、家柄と権威を誇った町大年寄たちの権威は、相対的に低下していたものと思われる。

救助米の廉売は、城下町の町人を代表する町大年寄たちこそが、真っ先に行わなくてはならないことであったかもしれない。しかし、もはや町大年寄たちに、そのような財力を望むことが出来ない状況に立ち至っていたものと思われる。そして、その反面城下町の新興商人たちが、町大年寄を凌駕する財力を蓄えていたのである。
藩としては、城下町支配の制度上、町大年寄の存在を無視するようなことは出来なかっただろう。しかし、町大年寄を凌駕する蓄財の新興有力商人を、城下町の安寧秩序維持のために取り込む必要を藩は痛感したはずである。このため、これら新興有力商人を「大年寄格」として扱わざるを得なかったのである。しかし、如何ともしがたい幕末の経済状態下にあっても、新興有力商人がこのように扱われることに、最も苦々しく眺めていたのは、外でもない町大年寄たちではなかっただろうか。

六月二日付御用留は、救助米廉売の最終日に回達されている。「夜六ツ時比」となっているので、最終日の廉売が終わった直後に回達されたのであろう。そこには、「猶御相談等申度候ニ付、明三日昼飯後早々利益院江御出張被下候様」とあり、翌日三日に利益院に町大年寄が集まるべきよう記されている。集まりの目的は、「御相談等申度候ニ付」とあるが、その集まりの提案者は「十六人より申出候」とあることから、新興有力商人の発意であることが明らかにわかる。

しかも、「自然御病き等ニ而御欠席ニ候ハヽ、其段御名前下江御記しを可被下候」とあり、欠席する大年寄のあることを見込んでいるのである。さらに、尚々書きでは、出席するからには遅刻のないようにと、念までも押しているのである。これは、おそらく、大年寄に対する新興有力商人たちからの、返礼のための宴席が設けられたことを意味しているものと思われる。

宴席を設けるからこそ、事前準備として出席者の人数確認が必要だったのであろう。また、機嫌を損ねた大年寄の中には、そのような宴席への出席を拒むものさえ見込まれていたのではないかと思われる。それゆえに、事前に「自然御病き等ニ而御欠席ニ候ハヽ」と、穏便な欠席理由を自ら提示しているものと思われる。歴史と伝統を誇る町大年寄たちの機嫌を取り結ぶためには、救助米廉売直後に、宴席を設ける必要があったものと思われる。

すなわち、慶応二年三月末ないしは四月当初に兵庫港で買入れられた救助米の廉売が、約二ヶ月も実施されなかった背景には、歴史と伝統を誇る町大年寄の、新興有力商人たちへの抵抗があったと思われるのである。本資料は、城下米穀商との折衝もさることながら、第二次幕長戦争による城下町の物資高騰を示す資料として紹介されている。(9)そのこと自体まったく正鵠を得ているといえるだろう。

第二次幕長戦争の主力軍を派遣した紀州藩の城下町が、米価高騰に見舞われたことは確かであろう。(10)そのことは、三毛屋利兵衛たちが、兵庫港で廉売米を仕入れたことからもわかるだろう。大坂堂島からほぼ等距離の和歌山と兵庫港との米価に格差が甚だしく、和歌山に比して兵庫港の米価が安価だったのである。すなわち、当時和歌山城下町の米価が狂乱的なものであったことは間違いないだろう。しかし、小稿が考察したとおり、本資料は高騰する米価だけでなく、城下町富裕層の交替と確執をも描き出していると見ることができるであろう。

むすびにかえて

小稿は、平成二十一年度に館蔵資料となった岩瀬広隆筆賑糶之図の歴史的背景を考察してきた。まず、本資料の現状とその詳細を紹介した。ついで、本資料に描かれている米の販売が、窮民に対する救助米廉売であり、それにいたるまでの経緯を、御用留によって詳細に復元した。さらに、その米の廉売の背景に慶応二年の城下町和歌山での米価高騰を指摘した。また、その廉売を計画実施した主体が、町大年寄ではなく、城下町新興有力商人であることを指摘した。

最後に、この米の廉売を城下町和歌山の市民は、どのように受け取っていたかを推測しておきたい。これに関して、慶応二年五月二十九日付御用留(11)が次のようにあり、そのことを示しているものと思われる。

五月廿九日夜四時過比、中村兼助殿より左之廻文相廻り候ニ付、即刻掛下彦十郎殿江相廻ス、

一　利益院、済臨寺、林泉寺右三ヶ所ニ而、去ル廿六日より白米救助売、買請ニ参候者ハ、六月二日限ニ而売止候間、各丁内其向々江相心得させ可申事

一　此程相渡候鑑札を以六日之間米買請候分ハ、右鑑札二日夜各手元へ引上ケ置可申事、

但、日々米買請候節、印シ判又ハ書入等ニ而も六ツ有之分ハ、前段之通取計、若日数買後レ候向ハ、六月三日前段三ヶ所ニおゐて売渡候間、買請ニ罷出候様申通、其上ニ而鑑札取揃江四日迄、町会所へ可被差出候、右之通丁々江今日相通申候付、為御心得如此御座候、已上、

六月廿九日《(五カ)》　長右衛門
六兵衛

この御用留は、期間六日の予定で始められた、ちょうど半ばの廉売三日目が終わった直後の「夜四時過比」に回達されている。そして、二つのことが町内に周知されようとしていたことがわかる。まず一点は救助米廉売が、六月二日で終わることを周知すべきことが記されている。このことは、本資料で廉売米に市民が群集しているように描かれてはいるが、予定した三百石の売れ行きがそれほどはかばかしくなかったことを示しているのではないだろうか。但し書きにおいても、「買後レ候向ハ、六月三日前段三ヶ所ニおゐて売渡候」とあり、五月二十九日の廉売三日目終了直後において、六月二日終了時点でなお廉売米が払底しそうにないと見込まれていたことがわかる。もし完売したならば、有力新興商人たちの廉売による差損は、先に見たように四百五十両であるが、売れ残りが出た場合はさらにその差損の増加することが見込まれるのである。

慶応二年五月一日の大坂堂島の米相場は一石七八二匁であり、この状況下で一石七〇〇匁の廉売をすれば、おそらく市民は殺到したであろう。しかし、同年六月一日には七三〇匁まで沈静化しているのである。もちろん、同年七月一日には一〇七五匁まで高騰するのであるが、その時点でそのことを予見できる城下町和歌山市民は稀有であっただろう。廉売期間真っ只中の大坂米相場の一時的な沈静化は、市民の廉売米購入意欲を鈍化させたものと思われる。このことから、当時の城下町和歌山市民に、流通経済に対する鋭敏な感覚のあったことがわかるであろう。

次に、この御用留の留意すべき第二点として、救助米廉売終了の六月二日即座に、鑑札を回収すべきことが記されている。但し書きにおいては、六月三日に追加販売するのであれば、四日までに鑑札を町会所に回収すべきことが

記されている。先に見たように、有力新興商人によるこの廉売は、町大年寄の仲立ちによって、城下町米穀商の了解の下に行われたのである。そのために、救助米廉売期間中に十六人の有力新興商人に付与された鑑札の取扱が、厳格になされたのであろう。また、六月三日に追加販売することに関しても、改めて城下米穀商と協議がもたれたことも、想像には難くないだろう。

このことから、有力新興商人たちは、伝統ある町大年寄を凌駕する財力を蓄積していたが、町大年寄の制度に裏づけされた権威は、なおも健在であったと見ることができるだろう。おそらく、ここに見える十六人の有力新興商人たちは、幕藩権力に支えられた制度の崩壊によって、やがて近代都市和歌山の指導的立場を、得ることになったのではないだろうか。

なお、先に述べたように、岩瀬広隆筆賑糶之図が複数存在している。これについては、本資料の制作が、広隆の意思によるものではなく、藩の強い意志によるものであることを先に確認した。また、本資料も個人蔵本も、同じ表装であることから、岩瀬広隆が描いた作品を、同一の工房で表具したことは明らかであろう。このことから、出資額の多寡によって、藩が下賜対象者を限定した可能性はあるかも知れないが、島氏が推定されたように、救助米廉売を計画・実施した有力新興商人十六人それぞれを対象としたものと判断してよいだろう。すなわち、本資料と個人蔵本を含めて、最大十六幅の作品が存在したと考えることができるであろう。

これによって、本資料制作の意図もおのずと推定できるのではないかと思われる。慶応二年四月三日付御用留によって、十六人の城下町有力新興商人は、町大年寄に準じた扱いを受けることになった。しかし、それは「依之」、すなわち米の廉売を行う期間に限定されていたのである。町大年寄に準じた扱いを受けることに、十六人の商人たちの上昇志向は充足されたであろうが、その扱いは鑑札の回収によって消滅してしまうのである。伝統ある町大年寄の家柄を顕彰するためには、新興商人に対するこの処置は致し方のないものであっただろう。

しかし、藩としても豊富な資力を保有するこのような新興商人の上昇志向を萎えさせるわけにはいかなかったものと思われる。このため、十六人の救助米廉売の行為を、藩として顕彰する必要を感じたものと思われる。それゆえに、本資料収納箱に記されているように、藩は「欲使子孫永世勿忘」と痛感したのであろう。このように考えた場合、そこに記されている「官賜物以賞之」の「物」とは、まさしく本資料のことではなかったかとも考えられるのである。

注

（1）同展覧会は、「岩瀬広隆―知られざる紀州の大和絵師―」と題して、平成二十年十月十八日から同年十一月二十四日まで開催し（近藤壮担当）、個人蔵本を展示した。その詳細については、同展覧会図録（和歌山市教育委員会、二〇〇八）を参照されたい。

（2）同展覧会は、「幕末紀州の三大画人―白雪・広隆・遊原―」と題して、昭和六十一年八月一日から同月三十一日まで開催し（高橋克伸担当、島昌代補助）、岩瀬広隆の作品については、個人蔵本を含めて三十七件展示した。概要については、『和歌山市立博物館館報』二（和歌山市教育委員会、一九八七）を参照されたい。

（3）島昌代「岩瀬広隆筆賑糶之図」（『和歌山市立博物館研究紀要』二号、一九八七）で、個人蔵本の概略を紹介しておられる。

（4）個人所蔵資料の資料写真と本資料とを対照すると、まったく同じ表装であることが確認された。このことから、両者は同時に広隆によって描かれただけでなく、表具も同時に行われたことがわかる。

（5）当該御用留は、『和歌山市史』第五巻（近世史料編Ⅰ、和歌山市、一九七五）に翻刻掲載されている。以下、小稿で引用する御用留は、すべてこの翻刻による。なお、当該市史発行当時は、個人所蔵資料であったが、その後和歌山市立博物館所蔵資料となっている。

（6）天保九年紀陽持丸鑑については、渋谷隆一編『都道府県別資産家地主総覧（滋賀編・和歌山編）』（日本図書センター、一九九一）掲載資料による。

（7）内務省地理局編『三正総覧』（帝都出版社、一九三二）による。

（8）小野武雄著『江戸物価事典』（江戸風俗図誌第六巻、展望社、一九八九）による。なお、前後の米価についても、同書による。

（9）島昌代「岩瀬広隆筆賑糶之図」（前掲注3）。

（10）第二次幕長戦争に伴う紀州藩領内の混乱については、古田耕治「長州征伐における紀州藩農民の動向」（『歴史評論』九八、一九六八）に詳しい。また、この戦争に伴う米価高騰については、『和歌山市史』第二巻（和歌山市、一九八九）第七章第三節3「藩政のゆきづまりと諸改革」（小田康徳担当）に詳しい。なお、同書八四一頁には個人蔵本（部分）が掲載されている。

（11）この御用留の日付は『和歌山市史』第五巻（前掲注5）の翻刻によると「六月廿九日」であり、現在和歌山市立博物館蔵資料となっている原本を確認しても、そのようになっている。しかし、回達されたのが「五月廿九日夜四時過比」であり、内容も六月二日・三日・四日の予定について言及している。さらに、前後の御用留の日付からも、明らかに五月二十九日付と判断するべきであろう。

第二節　陸奥宗光の陸奥たるゆえん

はじめに

明治の傑出した外交官陸奥宗光が、紀州藩重役伊達宗広（号・千広）の子息であることは誰もが知っている。生母は、伊達宗広の後妻、やはり紀州藩重役渥美源五郎の息女政子である。伊達宗広は、伊達家の縁戚に当たる宇佐美祐長の子息で、伊達盛明の息女である綾子と婚姻して、伊達家を相続している。宗広には先妻の綾子との間に生まれた五百子がおり、成田弥左衛門の子息宗興を女婿として迎え、伊達家を相続させている。

したがって、陸奥宗光は伊達宗広の実子であり、宗広は実子に伊達家を相続させずに、女婿に相続せしめたことになる。その宗光が何ゆえ伊達を名乗ることなく陸奥を名乗ることになったのであろうか。何よりも宗光が何時から陸奥を名乗ったのであろうか。その時期が明らかになれば、陸奥を名乗るようになった経緯を推測することも可能かもしれない。小稿は、このような問題意識から、陸奥宗光が陸奥姓を名乗るようになった時期を探ることにしたい。

次に、彼がなにゆえに陸奥姓を名乗ったのか、換言すれば何ゆえに伊達姓を名乗らなかったのかを考えてみたい。伊達家が、陸奥国伊達郡にその淵源を求められることから、伊達一郡を名乗るよりも、より広大な陸奥一国の国名をその姓としたと一般的に言われている。(1) たしかに、気宇壮大な彼の生涯を通観するならば、たしかに頷けるだろう。

しかし、彼の合理的な生涯を見ると、名前が個人を識別するための記号だとすれば、彼の意識の中にいかなる変化が生じようとも、彼は生来の伊達姓を名乗ってもしかるべきであろう。しかし彼はそれをしなかったのである。私は彼がむしろ陸奥姓を名乗ったことよりも、伊達姓を名乗らなかったことに大きな関心を抱くのである。

一　陸奥姓を名乗った時期

萩原延壽氏が紹介されている文久元年（一八六一）正月三日付岡熊太郎宛の書状によると、彼は自ら「中村小次郎」と名乗っていたという。[2] これは、五条の老師の周旋で江戸に出た直後のものであり、彼は脱藩と同時に中村姓を名乗ったことがわかる。しかし、これは脱藩に伴う便宜的な措置で、彼は意識の上で伊達姓を名乗っていたと思われる。それは坂崎斌が、坂本龍馬による福井藩への宗光周旋に関する記述に次のように見えることからもわかるだろう。[3]

文久三年七月二十一日、坂本は越前の藩邸に来り、家老岡部造酒をと訪ひしける様、今夕推参せしは余の儀ならず、貴君に一人末頼母しき少年を託せんが為なり、御承諾あれば本懐の至りなりと。岡部は坂本が斯くまでに頼み入るに驚きて、抑も其の少年は何人なりやと尋ねければ、坂本は、少年こそは紀州の浪士伊達小次郎（宗光）と名乗れる者、他日必ず天晴の利器と成り申さん、唯余りに才弁を弄して浪士共に憎まるゝより、或は殺さるゝやもしれず、願くば暫く御国許に置かれたしとのことゆゑ、岡部は速かに之を承諾しつゝ、当時福井城下へ肥後より聘せられ居る横井小楠の許へ委託せばやとて、委細を申し遣はしけるが、偶ま小楠藩庁と議合はず、中根雪江と共に斥けられしと聞きて、坂本の依頼は全く画餅とはなれり。

これによって、文久三年時点で宗光がなお伊達姓を名乗っていたと考えることができる。もちろん、これは後代の編纂史料で第一級史料ではない。ところで、この坂本龍馬の周旋は画餅に帰して、結局宗光は神戸に開かれた勝海舟の海軍塾に入ることになる。この時の経緯について、勝海舟は『氷川清話』の中で次のように記している。[4]

紀州へ行って殿様や家老に面会し、都合二十五名の腕白者を神戸の塾に連れて帰ることになったが、陸奥もこの内に居ったのだ。しかし、陸奥だけはほかの二十四名とは少し違った事情があった。それは、俺が紀州へ下った時に、藩の世話人の伊達五郎（宗興）といふものが、拙者の弟に小次郎―すなわち宗光のことだ―と申す腕白者があるから、これをも一緒に連れて帰ってひとかどの人物に仕上げて下され、と頼んだから、それで二十四名と共に陸奥をも連れてきたのだ。

宗光の海軍塾入塾の経緯であるから、これは文久三年当時のことを回顧しているのであろう。ここでは、海舟は一貫して「陸奥」と称しているが、これは後代の回顧談であるからだろう。宗光の属姓を伊達五郎の弟と認識しており、この時宗光が義兄の伊達五郎と同じく伊達姓を名乗っていたということになるだろう。もちろん、『氷川清話』も後代の回顧談で第一級史料とはいえないし、その中には海舟の勘違いや誤認が多く見られる。

しかし、先に記した坂崎斌の『陸奥宗光』もこの『氷川清話』も、共に第一級史料ではないにしても、史料系統のまったく異なる二つの史料が、文久三年段階で宗光が伊達姓を名乗っていたことを示唆していることから、私は文久三年にはまだ陸奥姓を名乗っていなかったものと判断したい。伊達五郎の弟として、海軍塾の塾生名簿に伊達小次郎と登載されたと思われることから、宗光は海軍塾では一貫して伊達姓を名乗っていたと考えてもよいのではなかろうか。すると、宗光が陸奥姓を名乗るのは、元治元年（一八六四）十一月に海軍塾が閉鎖され、宗光が野に放たれた時以後のことであろうと考えてよいだろう。

それでは、宗光は何時頃から陸奥姓を名乗るのであろうか。和歌山市立博物館所蔵の陸奥宗光自筆の七言絶句を記した懸幅がある。[5] それによると、「決眥琉球万里程　布帆風飽一舟軽　夕陽瀲灔浸波処　横海巨鯨噴沫行」という本文と共に、「過薩洋」の題詞と「陸士峰」の署名がある。署名の「士峰」は彼の号であり、「陸」の一文字は「陸奥姓」を名乗っていた証左であろう。薩摩藩士寺島宗則が、慶応二年（一八六六）に英国留学から帰国する際、上海から乗り継いだ英国帆船で航海術を学ぶために乗船していた宗光とであったことを記録している。[6] この英国帆船であれば、薩摩沖を通過したことであろうから、この七言絶句の題詞「過薩洋」は、極めてふさわしいものと思われる。このことから、この七言絶句は慶応二年（一八六六）の作と考えられる。したがって、慶応二年段階で宗光は陸奥姓を名乗っていたと考えられる。

次に、萩原延壽氏が紹介された「坂本龍馬手帳適用」の慶応二年の項に、次のような記録がある。[7]

三両二分也

坂本龍馬　寺内新右門　多賀松太郎　菅野覚兵衛　白峰駿馬　陸奥元次郎　関雄之助

右ハ当月何月分慥ニ頂戴仕候、以上

寅何月何日

これは、亀山社中の坂本龍馬以下七名の月給領収書の雛形であろう。「寅何月何日」とあることから、慶応二年であることは間違いないだろう。そして、「右ハ当月何月分慥ニ頂戴仕候」とあることから、慶応二年当初にこれら七人に対する当年の月給を確定し、その領収書の形式を決めたものであると思われる。したがって、この史料は慶応二年当初のものであると考えてよいだろう。その七名の六人目に「陸奥元次郎」という宗光の旧名が見え、間違いなく陸奥姓を名乗っていることがわかる。すなわち、元治元年十一月以後慶応元年末までの間に、宗光は伊達姓から陸奥姓に名乗りを替えたものと思われる。

この一年余の期間の中で、宗光がその姓を伊達から陸奥へと変更するほどの、彼の人生の転換点を求めるとするならば、あくまでも憶測の域を出るものではないないが、慶応元年五月に坂本龍馬らと共に、長崎において亀山社中を創立したことであろう。ただ、亀山社中への参画が、彼にこれほどの変化をもたらした要因については、更に考える必要があるだろう。

二　伊達姓から陸奥姓へ

私は、先に伊達姓から陸奥姓への変更時期を、宗光が亀山社中に参画した慶応元年五月のことであろうと憶測した。ここで、宗光の出身である伊達家の前後の系譜関係を整理しておきたい。

宗光の実父である伊達宗広（号・千広）は、享和二年（一八〇二）五月二十五日に紀州藩士宇佐美祐長の二男として生まれている。叔父の伊達盛明の娘綾子と婚姻し、文化十年（一八一三）十一月八日に伊達家を相続し、以後十代藩主徳川治宝の寵愛を受けて、紀州藩勘定奉行・寺社奉行等を歴任する。しかし、大御所治宝の薨去とともに、嘉永五年（一八五二）十二月二十二日に田辺へ流罪となる。[8]

文久元年六月二日に、八代藩主徳川重倫の三十三回忌法要を機に、恩赦されて和歌山に帰ることが出来たが、流罪前の八百石の俸禄に対し、恩赦後はわずかに七人扶持の不遇であった。その後文久二年十一月二十七日、養嗣子宗興と共に脱藩上京し、勤皇浪士と交わりを持つことになる。

文久三年に将軍家茂が上京した際、宗広父子がこれを京都に迎え、朝幕間を周旋したと伝えられている。また、紀州藩主茂承が京都に上ったときも、中川宮家の御内人として公卿への斡旋を行ったといわれている。これによって、宗興は紀州藩の藩籍を復するようになった。[9]しかし、幕府が第二回幕長戦争を起こした慶応元年には、宗興に「伊達五郎専権の廉あり」として幽閉されることとなった。そして、宗興を質に取られた形となった宗広も、紀州藩によって慶応元年六月に和歌山に帰任を命じられ、親戚預かりとして蟄居が命じられている。[10]

一方、伊達家を相続し、伊達姓を名乗り続けた伊達宗興の動向を見る必要があるだろう。彼は、文政七年（一八二四）七月二十七日に、和歌山藩士成田弥三右衛門の五男として生まれ、伊達宗広の娘五百子と婚姻する形で、天保七年（一八三六）十二月二十八日に伊達家を相続する。その後、栄進を続けるが、父同様治宝薨去後伊都郡九度山に追放処分となる。文久元年六月に父と同様に恩赦を受けるが、翌年父に同道して脱藩上京し、中川宮家に出入りし、勤皇浪士と交わりを持つことになる。しかし、父宗広よりも約一年早い元治元年五月に藩命によって和歌山に帰任後、先に見たように、慶応元年に幽閉の憂き目を見るに至った。[11]そして、慶応元年六月一日に物頭預かりとなる。慶応三年には許されて、高野山に陣する鷲尾侍従の下へ、紀州藩の使者として赴き、紀州藩の立場を陳弁して、一行を高野山から下山させている。

伊達宗広・宗興父子のこのような動向を見ると、彼等は紀州藩の微妙な立場に翻弄された観がある。将軍家を支えるべき親藩御三家でありながら、徳川諸家の中で最も京都に近いため、紀州藩は勤皇と左幕の微妙なバランスを巧妙に操らなくてはならなかった。幕府優勢の状況では、伊達父子は極めて不遇であり、勤皇優勢の状況では、伊達父子の勤皇諸勢力に対して持っているパイプに頼らざるを得なかったのである。(12)

このような伊達父子の動向を見ると、宗光が亀山社中に参画する慶応元年五月という時期は、義兄宗興が藩命によって元治元年五月に和歌山に帰らされて、その後拘束状態にあったさなかであった。また、実父宗広は彼が亀山社中に参画した直後に、やはり紀州藩の掌中に帰していたのである。実父・義兄のそのような状況を知った宗光が、伊達姓のままで亀山社中に参画することは、極めてはばかられるものであったと思われる。

神戸の海軍塾閉鎖の後、坂本龍馬に従った宗光らは、共に亀山社中を創立するが、その資金は薩摩藩によるものであった。(13)先の月給七人分三両二分は、一人当たり二分に当たる小額であるが、これも薩摩藩から支給されるものであった。宗光自身が薩摩藩の幕府からの離反や倒幕計画を、どれほど詳しく知っていたかはわからない。しかし、紀州藩重臣であったものの子弟が、そのままで薩摩藩の庇護下に入ることは、問責されようとしている実父・義兄の進退に関わることであっただろう。伊達姓から陸奥姓への変更は、紀州藩の掌中に帰した実父・義兄の処遇を案じてのものであった可能性があるといえるだろう。したがって、陸奥姓を名乗るのは、彼が亀山社中に参画する慶応元年五月ないしは、実父が紀州藩の掌中に帰した同六月であった可能性を指摘したい。

宗光は、極めて合理的な考え方をする人物である。亀山社中参画と実父・義兄の安全を考慮するという合理的な要因があれば、伊達姓から陸奥姓への変更にも、非常に整合性があるといえるだろう。しかし、変更の要因がそれだけだというならば、陸奥姓を名乗ることは緊急避難的な措置であったことになる。

慶応三年には、義兄宗興は紀州藩の勤皇的行動を牽引する立場にあり、最早緊急避難的な措置をとる必要はなかったはずである。もっとも、その後の紀州藩が勤皇であり続けるか否かについては、これまでの紀州藩の仕打ちを熟知している宗光ならば多大な危惧を抱いていただろう。しかし、鳥羽伏見で戦端が開かれた戊辰戦争緒戦で、紀州藩は勤皇の旗色を明確にしている(14)ことから、慶応四年以後であれば、伊達姓を名乗っても問題はなかったはずである。

しかし、その後も彼は陸奥姓を名乗り続けたのである。ここにいたって、宗光が陸奥姓を名乗ることの意味は、陸奥姓を名乗ること以上に、伊達姓を名乗らなかったことにあるといえるだろう。このことについては、伊達家の継承問題と、宗光の実父宗広の思想から考えてみたい。

三　伊達家の継承と『大勢三転考』

宗光の実父宗広と義兄宗興のこの前後の動向を見たが、宗光自身の伊達家における位置付けを確認しておこう。宗光は弘化元年（一八四四）七月七日に、宗広と生母政子の間に、伊達家の第六子として生まれている。生母政子は紀州藩重役渥美源五郎の娘で、宗広の後妻である。宗光が生まれる以前の天保七年に、宗広と先妻綾子との間に生まれた五百子と宗興が婚姻して、伊達家を相続していたことから、宗光が伊達家を相続する可能性は、この時点ではなかったことになる。

だからといって、宗光が伊達家の中に居場所を失って、陸奥家という別家を立てたということでもないように思われる。たしかに伊達家は養嗣子宗興が継承した。しかし、明治維新後宗広は伊達家の継承者である宗興のもとではなく、実子宗光の元に身を寄せて余生を送っている。

このことから、伊達家先代当主の庇護者として、伊達家の中では確かな存在感を発揮していたのである。[15] 先に見たように、陸奥姓を名乗ることが実父たちの安全を確保するための緊急避難措置であるとするならば、先代当主の庇護者となった時点で、再び伊達姓を名乗ってもよさそうなものであろう。また、家名を重んじる近世名門武家の先代当主として、自分の庇護者である宗光に伝来の家名である伊達姓を名乗ることを望まなかったのであろうか。

私は、その背景に宗光の実父宗広の武家社会に対する彼の思想が影響しているのではないかと考える。宗広は、宗光誕生四年後の嘉永元年六月に『大勢三転考』を脱稿している。[16] この書は、日本史上時代区分論を考察した稀有なものである。

古代豪族が、血縁を紐帯として国土を治めていた時代を骨(カバネ)の代《よ》と称している。そして、朝廷が官職を制定し、それを拝命した官僚たちが国土を治めていた時代を職（ツカサ）の代と称している。なお、宗広自身は歴史資料に則して職の代を、律令制度の成立から武家政権の誕生までと規定しているが、「官職は唐ざまをうつされたるものにて、皇国の古制、廃れたるは口おしき」と、職による統治を極めて否定的に見ている。本居国学を学んだ宗広ならば、当然の認識かもしれない。さらに、朝廷の権威が衰え武士が功名によって名をあげ、その権力によって国土を治める時代を名（ミョウ）の代と称している。すなわち、時代の趨勢によって大勢は転換することを論じているのである。

問題は、名の代は何時までを指しているのかということである。本文は、守護地頭の設置から江戸幕府体制の確立までを史料に則して詳述している。しかし、名の代の最後には「名の代の大制度、ここにして盛大なり」と記している。すなわち宗広の時代に至るまでが名の代なのである。[17] しかも、骨の代→職の代→名の代と、時代の趨勢によって大勢は変革するということを、前提として述べているのであるから、宗広の時代まで継続している名の代も、永遠に継続するものではないということを、暗に断言しているにほかならないのである。すなわち、このことが本書をして、明治維新の到来を予言せしめたと評価される由縁である。

このように考えるならば、宗広の名の代の評価として「ここにして盛大なり」という言辞は、彼が親藩御三家紀州藩の重臣であるがゆえに、立場上肯定的に表現しなくてはならなかったものであると思われる。名の代は「ここにして盛大なり」といえども、やがて終焉を迎えるであろうという言外の言を読み取るべきであろう。すなわち、本書には宗広の名の代、換言すれば武家社会に対する否定的な思想が見られるのである。

武家社会では家名を重んじ、同名の分家を数多く立てることによって、一族の繁栄であるとみなした。そこには、家名を重んじる思想があるが、血縁関係のない他家から養子が家名を継ぐことをも是とした。すなわち、血脈よりも家名を第一義に考える思想が存在したのである。一方、この前後の伊達家の継承関係を見ると、このような一般的な武家の継承傾向とは異なる実態を看取することが出来る。

伊達盛明の娘綾子は伊達家の血脈を引いている。宗広は盛明の養子となり、伊達家の血脈を引く綾子を庇護することになる。綾子と宗広の間に伊達家の血脈を引く五百子が生まれる。宗興は宗広の養子となり、伊達家の血脈を引く五百子を庇護することになる。宗興と五百子の間に久々の伊達家の血脈を引く宗貞が生まれる。しかし、宗貞は女子にしか恵まれなかったため、その女子に血族から養子を迎えている。

この継承は、途中に宗貞がいるため女系の継承ではない。まさしく、男女を問わず伊達家の血脈を護るための継承がなされているのである。むしろ、このような継承は名の代の時代の継承ではなく、血縁を紐帯として国土を治めていた宗広がいうところの骨の代の時代の継承形態に近いといえるだろう。その意味で、名の代の終焉を予言した彼が、その次にやって来る時代の中に、骨の代の要素を求めていた可能性もあるだろう。

以上のように、武家社会（名の代）における名の継承よりも、骨の代における血脈の継承に重きを置いた宗広の考え方は、『大勢三転考』において初めて開陳された考えではない。天保七年に宗広が、その娘五百子に養子として宗興を迎える際に、彼が藩庁に提出した願い出の中にも次のように記している。(18)

私儀、末養子奉願候年齢に者無御座候得共、亡妻は養父工左衛門娘にて、先達て私聟養子被仰付、本文女子は右妻に出生之娘にて御座候付、願之通相済候はゞ、血脈相続仕且及老年候老母儀も、安心可仕と奉存候、別紙之通奉願候、付ては此上男子出生仕候共、嫡子は不仕存念に御座候、以上、

このように、天保七年の宗広三十五歳の時点で、早くも血脈による継承を訴えているのである。四十七歳の作である『大勢三転考』に記された血脈による継承は、『大勢三転考』執筆に際して、急にあみ出された思想ではなく、年来の彼の思想の蓄積から成り立ったものなのである。そして、宗光はそのような思想を持った宗広に育てられたのである。さらに、文末には将来宗光が生まれるであろうことを予想しつつ、それを嫡子としないことを明言しているのである。

このように伊達家の継承は、伊達家の血脈を第一に考え、その血脈の庇護者である宗広・宗興だけが伊達姓を名

乗っているのである。この原則から、宇佐美家の血脈を引く宗広と、渥美家の血脈を引く政子との間に生まれた宗光には、実父宗広の思想から見れば、伊達姓を名乗る資格はなかったものと思われる。それゆえに、亀山社中参画に際して、宗光は伊達姓を打ち捨て、別家として陸奥姓を名乗り、以後も伊達姓に帰ることなく、陸奥姓を名乗り続けたのであろう。

おわりに

小稿は、陸奥宗光が何ゆえ伊達姓を捨て、陸奥姓を名乗るようになったかを考察してきた。最初に、彼の名乗りに関する史料を概観して、その変更時期を元治元年十一月以後慶応元年末年までであろうと提言した。そして、その間の宗光の動向から、その変更時期は彼が亀山社中に参画した慶応元年五月ないしはその直後であろうという憶測を提起した。

次に、伊達姓から陸奥姓への変更の要因を、薩摩藩の影響下にある亀山社中に参画することの影響が、紀州藩の掌中に運命を握られている実父・義兄の安全を確保するための緊急避難的要素があったことを述べた。さらに、伊達姓から陸奥姓へ変更する背景に、血脈の相承を第一義とする宗広の思想があったことを、その著書『大勢三転考』から導き出した。そして、伊達家の血脈を引かない宗光は、伊達姓を離れて独立した陸奥姓を名乗るようになったと考えた。

小稿は、伊達宗広の時代区分を論じた『大勢三転考』が、後代名著として評されることになるが、その影響が、宗広の親族に何がしかの影響があったのかという興味の下に、陸奥宗光の改姓問題を理解しようと努めた。近代史が専門ではない筆者が少ない史料から、多くの憶測をさしはさみながら論じたため、思い違いや至らないところも多々有ろうかと思うが、その点については諸賢のご叱正を請う次第である。

それにしても、名の代を否定的に見ていた宗広は、来るべき時代を太古に存在した骨の代に、ある意味理想とする要素を感じていたのだろう。そして、勤皇・左幕の相争うクライマックスに、王政復古が宣言される。宗広の待ち望んだ骨の代の復活が宣言されたのである。しかし、名の代に次いで到来した明治という時代は、決して宗広の思い描いた骨の代の復活ではなかったといえるだろう。宗広は、そのような明治維新をどのような感慨で眺めていたのであろうか。幕末の騒乱の中を、一人の勤皇家として極めて精力的に活動した彼は、明治維新後の余生を、一切政治には関わることなく、和歌と禅に明け暮れたといわれている。(19) 彼のこのような行動が、彼が明治という時代に対して抱いた感慨を語っているのかもしれない。

注

(1) 萩原延壽『陸奥宗光』上（朝日新聞社、一九九七）は、宗光の伊達姓から陸奥姓への改姓を「宗広が家督を継いだ紀州の伊達家は、源頼朝の奥州征討に従軍して功績のあった伊達朝宗の後裔であるという。そして、その際の功績により、頼朝から陸奥国伊達郡を賜ったと、「陸奥家系譜」には見えている。後年、宗光が陸奥の姓を名のるようになるのも、この因縁によるものであったらしい」と述べているが、一般的な改姓に関する理解であろう。

(2) 萩原前掲書（前掲注1）による。ただし、なにゆえに宗光が中村姓を名乗ったかについてはわからない。

(3) 阪崎斌『陸奥宗光』（東京博文館、一八九八）による。

(4) 勝海舟『氷川清話』（江藤淳・松浦玲編、講談社学術文庫、二〇〇〇）による。

(5) 本資料は、『陸奥宗光　その光と影』（和歌山市立博物館特別展図録、一九九七、武内善信担当）、十七頁に写真版の掲載がある。

(6) 『陸奥宗光　その光と影』（前掲注5）の後注列品解説に、その作期を慶応二年と示唆する解説がある（武内善信担当）。

(7) 萩原前掲書（注1）所引史料による。

(8) 十代藩主徳川治宝の政治と彼の薨去に伴う紀州藩内の政治の動向については、『和歌山市史』第二巻（近世編、一九八九）第六章四節「江戸派と和歌山派」（笠原正夫担当）に詳しい。

(9) この間の伊達宗広・宗興の朝幕間における周旋活動については、高瀬重雄『伊達千広―生涯と史観―』（創元社、一九四二）による。

(10) 萩原前掲書（前掲注1）に引用する「陸奥家系譜」によると、宗広のこのときの様子を「慶応元年乙丑六月、帰国ノ下命、京都ヨリ護送セラレ、和歌山ニ帰リ、親戚預ケ、実家宇佐美裕之方ニ閉居」とある。

(11) 伊達宗泰編『衣笠山の春雪』（伊達宗浩、一九九七）の「宗興翁年譜」を参照すると、文久二年十一月二十七日脱藩上京、文久三年国事に奔走し、藩復帰が許され、元治元年五月に和歌山帰住、その後慶応元年六月一日に三浦長門守預けとなる。なお、宗興が「専権の廉あり」との嫌疑を掛けられたのは、高瀬前掲書（前掲注9）によると「第二回の長州征伐を起こした慶応元年」の事とあることから、幕府が長州再征の方針を打ち出すその年四月一日頃のことであろうと思われる。

(12) この頃伊達父子が勤皇・左幕の間で翻弄される様子は、伊達宗泰「一尊王派藩士の動きに見る幕末紀州藩の動静―嘉永六年から明治元年までの十五年―」（『幕末の動乱と紀州』所収、和歌山市立博物館特別展展示図録、一九八七）に詳しい。

(13) 萩原前掲書（前掲注1）によると、亀山社中の人件費に関して、「この坂本をふくむ七名にたいして、薩摩藩は毎月三両二分の生活費を支給し、その支給日は毎月三日であったらしく、関が会計係として、これを一括して受けとっていたようである」とする。

(14) 『南紀徳川史』によると、慶応四年七月十九日に戊辰戦争の新政府方として、紀州藩兵二〇〇人の出兵を行い、新政府方としての旗色を明確にする。

(15) 高瀬前掲書（前掲注9）によると、「宗光が元老院議官となって東京に居住するやうになった頃、父の千広も亦大阪から此処にうつり住むことになった」とある。なお、宗光が元老院議官を拝命するのは明治八年（一八七五）四月二十五日のことである。

(16) 『大勢三転考』（『近世史論集』所収、岩波書店日本思想体系四十八、一九七四）の奥書に、「職務之暇夜々灯火記之、疎漏尤可恥者也、嘉永元戊申六月　紀伊伊達千広」とある。

(17) 前掲『近世史論集』（前掲注16）所載の松本三之介「近世における歴史叙述とその思想」によると、「『大勢三転考』は、その名の示すように、古代より徳川幕府の成立に至るまでの日本歴史を三つの時代に区分して論じたものである」とする。しかし、宗広は名の代が自分の生きている時代まで継続していたと認識していたことは明らかだろう。

(18) 高瀬前掲書（前掲注9）所引史料による。

(19) 田中敬忠「伊達宗広―幕末勤皇の歌人」（『紀州今昔』所収、帯伊書店、一九七九）は、明治維新後のその晩年の様子を「宗広は禅学に志を傾け歌道と禅の一致を説き、歌禅三昧の生活にあった」とする。

第三節　和歌山ラーメンの源流

はじめに

和歌山ラーメンがブームである。収蔵資料にラーメン鉢一つだに無い和歌山市立博物館に、「和歌山ラーメンの特徴は何ですか」、「和歌山ラーメンの起源は何時ですか」などの質問が、数多く寄せられる。わからないなりにも、真摯に回答の準備をしなくてはならない。それが公立博物館の学芸員のあるべき姿である。

小稿は、そのような数多くの質問に、その都度答えてきた回答の集大成である。ただ、あまりにも資料が少なく、どれも憶測の域を出るものではない。それでも、小稿を笑覧いただくことによって、反論なり、訂正なりを寄せて頂ければ、和歌山ラーメンの源流に、より迫れるのではないかと考えて、あえて発表するものである。

ところで、小稿の表題には、「和歌山ラーメン」という呼称を用いている。しかし、地元和歌山では、「中華」ないしは「中華そば」が一般的な呼称である。また、各店舗の軒には「中華そば」と書かれた提灯が掲げられていることも一般的である。ただ、平成八年（一九九六）正月にテレビ東京で放映された「ラーメン王選手権」という番組で、和歌山からノミネートされた中華そばが優勝したため、以後「和歌山ラーメン」の呼称が、全国的には一般的となった（別冊アガサス、一九九九）。したがって、地元和歌山の人々が「中華」ないし「中華そば」と親しんで呼称しているものを、全国的な通り名を拝借して、小稿では「和歌山ラーメン」と呼称することにしたい。

まず、小稿では和歌山ラーメンの現状を確認することによって、和歌山ラーメンの本来の特徴を導き出したい。その上で、和歌山ラーメンに関する問題点を指摘することにしたい。さらに、それらの問題点に、考えられる可能性の最も高い回答を、試論として提示したい。

一　和歌山ラーメンの現状

「和歌山ラーメンの特徴は何ですか」と問われて、どう答えればよいのだろうか。博多ラーメンの豚骨スープのように、スープに特徴があるのだろうか。長浜ラーメンの極細麺のように麺に特徴があるのだろうか。それとも、沖縄ソーキソバのように豚肉を、あるいは浅草ラーメンのように浅草海苔をトッピングするような、具材に他と異なる特徴があるのだろうか。ともあれ、ラーメンの基本であるスープ・麺・具材を、最も一般的な例を挙げて、和歌山ラーメンを観察してみよう。

和歌山ラーメンのスープは、豚骨醤油味であるといわれている。ただ、ＪＲ和歌山駅付近に店舗を構え、「ラーメン王選手権」で優勝した和歌山ラーメン店は、豚骨の度合いが一際多いといわれている。ＪＲ和歌山駅近くのこのＩという店舗は、「昭和二十八年七月、見よう見まねで覚えた中華そばを、夜になると屋台で売り始めた」（別冊アガサス、一九九九）という創業者夫人の回顧談があることから、戦後に生じた一つの変化形態であると理解することができるだろう。

横浜ラーメン博物館の武内伸氏は、かつて和歌山ラーメンには、そのスープの特徴から「車庫前系」とＪＲ和歌山駅付近のこの店舗とその後の暖簾わけによって生じた一群の系列のあることを分類されたが（武内、一九九九）、小稿ではこの系列をＩ系と以下呼称することにしたい。戦前から和歌山ラーメン店が集中していた車庫前の店舗群が豚骨醤油スープを固守していることから、和歌山ラーメンの本来のスープは豚骨醤油であったと見られる。

もちろん、Ｉ系の豚骨スープへの傾倒は、和歌山ラーメンの本来の姿から見て決して異端ではないだろう。車庫前で和歌山ラーメン店を営んでいた高本順子氏の証言によると、スープに豚骨を加味したのは、「戦後、食糧事情がよくなってから」のことであるとしている。さらに、なぜ豚骨を加味したのかという理由については、「そのほうがウマイから」と述べておられる（別冊アガサス、一九九九）。すなわち、戦前の和歌山ラーメンは醤油味が基本であったと理解することができる。

また、豚骨が加味されるようになったのは「食糧事情がよくなってから」ということであれば、朝鮮動乱による特需景気の始まる頃と考えてよいだろう。[1] すなわち、昭和二十五年（一九五〇）頃以降のことであろう。このように考えると、I系が豚骨を基調として開店するのが、その直後のことということになる。すなわち、I系は戦前醤油味をベースにしてきた和歌山ラーメンが豚骨を加味しだしたことを受けて、さらにそれを強調した形で誕生したと見ることができるだろう。

以上見てきたように、和歌山ラーメンの原形は、醤油味をベースにしたスープであったと見ることができるだろう。中国大陸で誕生したはずのラーメンが、和歌山固有の醤油味スープによって、和歌山化したものが和歌山ラーメンであるということが可能であろう。

次に、和歌山ラーメンの麺についてみてみよう。和歌山ラーメンの麺は、「細めでストレート。茹で方は、関東に比べると明らかに軟らかい。博多や札幌の人から見ると、のびた麺だと思うだろう」（別冊アガサス、一九九九）と評されている。細めのストレート麺については、それほど顕著な特徴ではないだろうが、軟らかい茹で方というのは、長浜ラーメンの「バリカタ」とか「ハリガネ」などに比べて、顕著な特徴の一つであるといえるだろう。

次に、具材についてみてみよう。和歌山ラーメンにトッピングされる具材は、「チャーシューとメンマに青ネギ、それにカマボコが乗る」のが一般的である（別冊アガサス、一九九九）。なお、ここでいう「カマボコ」とは、地元で「千代巻」と呼ばれる練り製品である。「千代巻」は和歌山県白浜町に本社を置く食品会社の商品名で、蒸し蒲鉾のことである。これらの具材は、むしろシンプルすぎると評されるであろう。このシンプルさが和歌山ラーメンのある種の特徴なのかもしれない。

以上、スープ・麺・具材について、その本来の形を現状から復元してみた。それは、醤油ベースのスープに軟らかめの茹で麺を入れ、シンプルな具材をトッピングするものであった。しかし、和歌山ラーメンには、そのほかにも、顕著な特徴がある。それは和歌山ラーメンのラーメン鉢と和歌山ラーメンに付されるサイドメニューである。

サイドメニューについては、これまでも早なれ寿司が指摘されてきた。そのほかにも、巻寿司・助六・ゆで卵などが紹介されているが、これらのサイドメニューを置かない店舗はないといっても過言ではない。かといって、サイドメニューが上記のもの以外に豊富にあるというわけではない。しかも、これらは、セットメニューではなく、客が任意に追加するのである。しかも、客がその都度追加発注するのではなく、テーブル上に置かれているそれらサイドメニューを任意に取って、店を出るときに事後に自己申告して清算をするのである。このような制度は、「屋台の時代から続く独自のシステム」であり、「全国でもめずらしい」と評されている（武内、一九九九、関・古川、二〇〇九）。

では、このような他に例を見ない特異な制度が、何ゆえ生まれたのであろうか。当初に一括受注すれば、客の注文を正確に把握できるはずである。ただ、客が最終的にどれほど食べてしまうのかを、客自身が想定できない場合、そして店主もそれを無理からぬことと了解できる事情があれば、このようなことも許されるであろう。この和歌山ラーメンのサイドメニューの清算方法に、和歌山ラーメンの起源の謎があるのではないかと思われる。

次に、和歌山ラーメンの特徴として、これまでにあまり指摘されてはいなかったことであるが、そのラーメン鉢の形状を指摘したい。他地域のラーメン鉢は、朝顔形の深鉢が一般的である。しかし、和歌山ラーメンのそれは、浅めのお椀形が一般的である。さらに、『和歌山の中華そばとラーメン』（別冊アガサス、一九九九）には、各和歌山ラーメン店の盛り付けられたラーメンの写真が豊富に掲載されている。それを見ると、ほとんどがラーメン鉢口縁部に描かれた雷文が、ほぼスープで隠れている。すなわち、和歌山ラーメンのラーメン鉢は、一般的に小ぶりなのである。朝顔形のラーメン鉢であれば胴の立断面が直線になるが、お椀形にすれば、立断面は胴部が張り出す。こうすれば、小ぶりではあるがその容量を極端に減少させることがないだろう。

和歌山ラーメンのラーメン鉢がこのように小ぶりのお椀形である理由は、「和歌山中華そばのルーツは屋台にあり」（別冊アガサス、一九九九）といわれていることを考えれば、ある程度納得できるであろう。すなわち、屋台で移動する際に、最も重量を感じるのは、陶磁器のラーメン鉢である。可搬性を考慮した場合、ラーメン鉢を小ぶりにすることは、屋台移動の際の便宜を考慮したものと考えられるだろう。また、具材のシンプルなこともこの小ぶりなラーメン鉢に規定されたものではないだろうか。さらに、ラーメン鉢が小ぶりなことから、満腹感の不足する客に対して、サイドメニューを提供するようになったとも考えられるだろう。

以上、和歌山ラーメンの現状を分析して、その特徴を検討してきたが、それらは次の五点にまとめることができるだろう。

①和歌山ラーメンは本来醤油ベースのスープであり、戦後豚骨を加味した。
②麺は軟らかめに茹でた細麺である。
③具材は、シンプルである。
④必ずサイドメニューがあり、その清算は事後の自己申告制である。
⑤ラーメン鉢は小ぶりなお椀形である。

これらの特徴を確認したうえで、和歌山ラーメンに関するいくつかの問題点を指摘したい。まず、和歌山ラーメンの起源を何時頃に設定すればよいのだろうか。現在大衆食文化として定着した和歌山ラーメンに関しては、極めて資料が乏しい。その乏しい資料の中から、何時頃に和歌山ラーメンが和歌山に定着したかを確認する必要があるだろう。

次に、和歌山ラーメンの店舗が車庫前に集中して存在していたことが、これまでに指摘されている。繁華な駅前や繁華街ではなく、何ゆえそれが車庫前であったのだろうか。和歌山ラーメンと車庫前の関係を追究する必要があるだろう。

さらに、和歌山ラーメンはなぜ和歌山で誕生したのであろうか。うどんやそばの副食類は、前近代から盛んに好まれたことは周知である。特に、上方落語の「時うどん」が、江戸前落語では「時そば」になるように、西日本ではうどん、東日本ではそばが好まれた。しかし、何ゆえ和歌山ではラーメンなのであろうか。醤油ベースのスープで西日本に位置する和歌山であれば、うどんが定着してもよかったはずである。もちろん和歌山でもうどんは好まれてはいるが、それに伍して和歌山ではラーメンが定着したのである。これは、和歌山の麺事情を考える上で、極めて興味ある問題である。すなわち、和歌山にラーメンを持ち込んだ要因とは何かを考えなくてはならないだろう。

二　車庫前の和歌山ラーメン

車庫前に、和歌山ラーメンの店舗が集中していたという。車庫前とは、昭和四十六年に市街電車が廃止されるまで、市街電車の車庫が付近に所在したために名付けられた市街電車の停留所名である。そのため、この停留所付近一帯を車庫前と呼称している。市街電車廃止後も、路線バスの停留所名として今も使用されている。

場所は、旧市街地南郊の旧国道四十二号沿い、現和歌山市西高松一丁目である。この地は、昭和八年に旧和歌浦町が和歌山市に合併されるまで、和歌浦町であった。現在、一帯にはかつて和歌山大学経済学部が所在し、その跡地には和歌山県立図書館が所在している。そのほか閑静な住宅街が見られる。

この車庫前に、何時頃から和歌山ラーメンが誕生したのであろうか。前掲の高本順子氏による次のような興味深い証言が取材されている（別冊アガサス、一九九九）。少々長文にわたるが、煩をいとわず抄出したい。

高本順子さんの口から意外な言葉が聴かれた。実は高本光二氏よりも前に中華そばの屋台を引いていた人物がいるという。高本宅のすぐ近くに住んでいた人で、小松原の辺りで屋台を引いていたそうだ。光二氏は、その人の技術を見よう見まねで覚え、中華そばの屋台を始めたというのである。

西日本では久留米の「南京千両」が昭和十二年創業、京都の「新福菜館」が昭和十三年に創業で、これらが最古参と言われている。昭和十五年に創業した「㊅」よりも古くから屋台があったとしたら、その両者に肩を並べることになる。

　ここでいう「小松原」は、和歌山城の南に広がる地域で、国道四十二号に沿った地域である。市街電車の停留所車庫前の二つ北に小松原五丁目の停留所がある。このことから、車庫前とはいうものの、車庫前を中心とする小松原五丁目も、広義に車庫前と包括してもよいだろう。小稿では、以後車庫前を旧市街電車停留所を指し、車庫前を中心として小松原五丁目までを含む地域を「車庫前近辺」と称することにしたい。

　さらに、井出つや子氏の証言によると「十五歳～十六歳くらいの時に、農協の近くで「丸八」という屋号の屋台の中華そばを食べていた」（別冊アガサス、一九九九）ということである。平成十一年に八十三歳であった井出つや子氏の年齢から推定すると、それは昭和七～八年のことであったと思われる。

　ここでいう「農協」とは、農業協同組合のことであろうが、その結成は戦後のことである。それゆえ、井出氏が取材を受けられた当時に農協のあった地点という意味であろう。また、井出氏はJR和歌山駅付近にお住いであることから、その付近というならば、JR和歌山駅前の農協会館のことを指しておられるのであろうと思われる。

　さらに、「昭和初期から遊郭の中に「丸豊」という屋台があった」（別冊アガサス、一九九九）との情報もある。和歌山に公娼は設置されていないが、一般的にJR和歌山駅近辺の歓楽街を、市街地東部に位置することから「東廓」といい、和歌山城に北接する旧三の丸（番町）の歓楽街を「番廓」と称していた。[2]先の井出つや子氏の証言と合わせ考えると、JR和歌山駅付近の東郭ではなかったかと思われる。すると、JR和歌山駅（昭和四十六年以前は、東和歌山駅と称した）付近にも、昭和初年頃に和歌山ラーメンの店舗がかなり集中していたと思われるのである。ここに至って、車庫前の和歌山ラーメンは昭和十五年以前に、JR和歌山駅付近の和歌山ラーメンは昭和初年以前に、それぞれ店舗が存在していたことが確認できた。

　ただ、JR和歌山駅付近から車庫前に派生したのか、車庫前からJR和歌山駅付近に派生したのか、それとも同時に発生したのかが、これらの証言からは明確にわからない。しかし、車庫前に起源を持つ現在の多くの和歌山ラーメン店が、かつて車庫前にあったことを「元車庫前」と、誇らしげに看板に記している。

そして、そのような店舗の屋号が、「丸〜」を称している。ＪＲ和歌山駅付近に所在したという「丸八」・「丸豊」も、その屋号に「丸」を冠しており、車庫前の店舗から派生したものと考えるほうが妥当であろう。このように考えると、昭和初年に営業が確認できるＪＲ和歌山駅の店舗よりも、車庫前の和歌山ラーメンの起源は、より古いことになり、その起源は大正期以前に遡る可能性があるといえるだろう。

ところで、車庫前で発生した和歌山ラーメンが、繁華なターミナルであるＪＲ和歌山駅付近に派生したであろうことは、充分に整合性のある動きであろう。しかも、紀勢線始発駅として大正十三年（一九二四）に開業したＪＲ和歌山駅の周辺に、その直後の昭和初年頃から和歌山ラーメンの店舗が確認できるのは、正に極めて整合的だといえるだろう。

しかし、これまでの証言の中に、南海和歌山市駅周辺に和歌山ラーメンの古い店舗の存在したことが確認できない。このことが少々疑問に思われる。昭和五十年代にその乗降客数がＪＲ和歌山駅に首座を追われるまで、和歌山市駅が抜群の乗降客数を誇っており、自他共に和歌山市の表玄関の地位を占めていた(3)。もし、車庫前の和歌山ラーメンが、大正十三年に紀勢線ターミナルとして営業したＪＲ和歌山駅付近に派生するのであれば、明治三十六年（一九〇三）に開業して、和歌山市の表玄関を自認する和歌山市駅に関する証言があってもよさそうなものだと思われる。しかし、その確認ができないのである。

このような疑問を感じつつ、ＪＲ和歌山駅と南海和歌山市駅を見比べると、両者の乗降客に決定的な相違のあることがわかる。周知の通り、南海和歌山市駅は大阪の難波駅とを結び、当時の大都会大阪と和歌山を結んでいる(4)。これに対して、ＪＲ和歌山駅は和歌山政友閥が誘致して、和歌山・箕島間を開通させた紀勢線（紀勢西線、なお当時の起点は旧和歌山駅、現紀和駅であった）の起点であった。この駅が大阪からの乗降客を受け入れるのは、昭和五年に阪和電鉄がこの駅に乗り込んで以降のことである(5)。

すなわち、ＪＲ和歌山駅は南北に長く延びた和歌山県の全域から、県域北端に位置する和歌山市を訪れる県民がたどり着く駅であった。それに対して、南海和歌山市駅は大都会大阪から和歌山市にたどり着く駅だったのである。南海和歌山市駅ではなく、ＪＲ和歌山駅に和歌山ラーメンの店舗が見られることから、和歌山ラーメンは当時繁華でにぎわう南海和歌山市駅を訪れる大阪の人々を対象としたものではなく、中紀・紀南から和歌山市を訪れる和歌山県民を対象としていたものと思われるのである。

三　和歌山県民と車庫前近辺

これまで述べてきたように、和歌山ラーメンが車庫前に起源を持ち、和歌山県民を対象としたものであるとするならば、車庫前という地域が、和歌山県民共有の要素を有していたはずである。その要素とは何であろうか。

和歌山ラーメンが、車庫前に起源を有するとしてきた。この車庫前という市街電車停留所の二つ北側に小松原五丁目という停留所があった。今も路線バスの停留所が同名で所在している。しかも、先の高本順子氏の証言によると、その夫の高本光二氏が和歌山ラーメンの技術を教わった近所の人は、正しくこの小松原付近で屋台を引いていたということである。

そして、この小松原五丁目という停留所は、昭和十年に軍機保護法の厳格な運用によって、それまで「兵舎前」と呼ばれていた停留所が、名前を変えさせられた停留所であった。また、同時に「憲兵隊前」は、「真砂町」に改称させられている(6)。

さらに、地図上から「憲兵隊」・「歩兵三十二旅団」・「歩兵第六十一連隊」・「衛戍病院」・「連隊区司令部」・「練兵場」・「射撃場」等、当時所在した軍事施設関係の施設名称が抹消されている。それにもかかわらず、車庫前のすぐ東に連隊練兵場が所在したが、停留所名が軍事施設とその名称が無関係であったため、それ以後も車庫前と呼称され続けたのである。このために、和歌山旧市街地南郊一帯は、昔ながらの停留所名をとどめた車庫前近辺で呼称され続けたのではないかと思われる。

このような推測が許されるとするならば、和歌山ラーメンが発祥したとされる車庫前一体には、歩兵第六十一連隊とその関連施設が集中した地域だったことを知ることができるのである。歩兵第六十一連隊は、和歌山県全域を徴募区域とする和歌山県の郷土部隊であり、敗戦後昭和二十年の連隊解隊まで、県民から「ロクイチ」と親しまれた和歌山県内最大の軍事施設であった。

通常平時の場合、連隊は三個大隊から編成され、一個大隊当たり三個中隊で編成されることになっていた。一個中隊は約百人編成であるから、連隊の兵員数は約千人ということになる。これが、戦時の場合は、大隊ごとに一個中隊が増設され、一個中隊は二百五十人に増員されるほか、機関銃隊なども増員される。したがって、戦時には一気に三千五百人程度の兵員が、連隊兵舎で起居していたことになる。(7)

しかも、徴兵年齢適齢の血気盛んな若者が、和歌山全県下から徴募されていたのである。もちろん連隊内では、これら血気盛んな兵員に食事が支給されたし、必要な備品も支給されていた。しかし、連隊内に酒保という売店があったように、支給される食事以外をさらに求める状況にあったことは間違いない。

さらに、県下から徴募されたこれら多くの兵員の家族・知人が、彼等に面会を求めて全県下から、車庫前近辺の歩兵第六十一連隊に足繁くやってくるのである。そして、そのような人々は、大阪からやってくるのではないので、南海和歌山市駅に降り立つことはないのである。大正十三年に開通した紀勢線に乗って、ＪＲ和歌山駅に降り立つのである。

車庫前近辺にあった店舗と同じ和歌山ラーメンが、そのような乗降客を目当てに、ＪＲ和歌山駅近くに進出して、営業を始めたとしても不思議はないだろう。私は、和歌山ラーメンが車庫前近辺で発祥したことと、紀勢線開通後のＪＲ和歌山駅近辺に車庫前から派生して、和歌山県内の人々を対象としていることから、和歌山ラーメンと戦前に存在した歩兵第六十一連隊に、何らかの関係があるのではないかと推測したい。

四　和歌山ラーメンと歩兵第六十一連隊

これまでに、小稿では和歌山ラーメンと歩兵第六十一連隊との関係を模索するに至った。そこで、歩兵第六十一連隊に関して述べることにしたい。

まず、歩兵第六十一連隊は、明治三十八年七月十七日に、第十四師団隷下の連隊として編成された(8)。その兵員は、歩兵第八連隊・三十七連隊（共に編成地大阪）・九連隊（編成地大津）・三十八連隊（同伏見）・十連隊（同姫路）・四十連隊（同鳥取）の各補充兵が充てられた。すなわち、この時点で歩兵六十一連隊は、和歌山県の郷土部隊ではなかったのである。その後、軍旗拝受式が同年八月八日に皇居内で挙行され、後にこの日が同連隊の軍旗際となった。

歩兵第六十一連隊の編成は、前年にロシアとの間で始められた日露戦争遂行のための作戦用兵上の必要から生じたものであった。そのため、軍旗拝受の直後八月十三日から順次中国東北部（旧満州）の大連に向けて出征し、同月二十日には第四軍指揮下に編入された。ただ、同連隊が中国東北部に到着する以前の八月十日には、アメリカのポーツマスにおいて日露講和会議が始められており、到着半月後の九月五日に同講和条約が調印されるという状況にあった。したがって、同連隊が戦地に到着した時点では、戦闘は休止状態であった。そのため、戦地到着後の十月五日から、奉天（瀋陽）付近の旧守備隊に代わって、その守備に任じることになった。すなわち、歩兵第六十一連隊は日露戦争の際に編成されたが、実際には戦闘に参加する機会がなく、戦後の占領地守備の任に当たっていたのである。

その後、二年間の占領地守備の任務を終えて、日本に帰還を果たしたのは、明治四十年三月十一日であった。日露戦争中の急な編成で、編成後即座に戦地に移駐したため、日本国内の連隊本部設置場所が決定していなかった。そのため、浜寺（現堺市西区）のロシア兵捕虜収容所が、仮の兵舎としてあてがわれた。

日露戦争最大の激戦といわれた旅順要塞攻略後、大量のロシア兵捕虜が国内に移送されることになった。このため、捕虜到着までに収容所を完成させなくてはならなかった。捕虜収容所は、敷地が浜寺海岸に予定され、大阪資本の大林組がわずか二十一日間で竣工させた。[9] しかし、講和条約調印後に捕虜はロシアへ送還されたため、広大な収容所施設が留守状態であった。国内に連隊本部を持たない歩兵第六十一連隊は、その捕虜収容所跡の施設を仮住いとしたのである。

この時に当たって、和歌山市と和歌山商業会議所は歩兵第六十一連隊の、和歌山市への誘致を積極的に働きかけた。和歌山市が市債を発行して購入した和歌山市今福の敷地を提供することによって誘致は成功し、明治四十二年三月から、連隊の駐屯が始まった。[10] これ以後、歩兵第六十一連隊は、徴募区域を和歌山全県とする郷土部隊として、敗戦後の武装解除によって解隊されるまで、和歌山を代表する軍事施設だったのである。

ここで注目すべきは、日露戦争で中国東北部に派遣された歩兵第六十一連隊が、戦闘ではなく占領地守備という任務に当たっていたということに注目したい。連隊が戦地に駐屯する場合、「周辺地区の治安維持を図る、という重要な任務がある」とされている。すなわち、歩兵第六十一連隊は、中国東北部の民生に携わっていたのである。そして、中国東北部は有名な粉食地帯であり、正しくラーメンはその粉食の最たるものなのである。

また、連隊本部兵舎と戦地での兵営生活の違いについては、戦場であることから危険が常時あるものの比較的自由な生活を営むことが出来たといわれている。[11] このことから、同連隊の将兵は、必ずや中国東北部でラーメンを食していたものと思われる。私は、日露戦争後中国東北部から帰還し、和歌山に駐屯するようになった歩兵第六十一連隊こそが、和歌山にラーメンを持ち込んだ最大の要因ではないかと思う。

連隊将兵は、中国東北部占領地守備の駐屯生活の中で、現地でラーメンを食べたことがあっただろう。しかし、中国東北部から帰還し、和歌山に駐屯することとなった将兵たちに、ラーメンを要求される和歌山の人々にとって、それは未知の食品であったことだろう。ましてや豚骨スープなどは、日露戦後の日本社会においては思いもよらなかったであろう。そこで、要求されるがままに、和歌山特産の鰹節と醤油のスープで作ったものが、和歌山化された初期の和歌山ラーメンだったのではないだろうか。

ただ、連隊の下士以上の将兵は連隊の外に居住することが許されていた。この場合ほとんどが妻帯者なので、連隊近くで和歌山ラーメンを食べるということはほとんどなかったと思われる。また下級兵卒は初年兵の第一期の検閲（入営後四ヶ月の教育期間）を終えれば、原則週に一度の外出が許されていた。酒保で空き腹を癒す毎日を送っている兵卒ならば、外出時に和歌山ラーメンに飛びついただろう。

このように、中国から帰還した歩兵第六十一連隊の兵卒が、和歌山の地にラーメンを持ち込み、そのニーズに応えようとする和歌山の人々が和歌山ラーメンを生み出したのではないかと思われる。そして、その後和歌山の郷土部隊となってからも、その嗜好は受け継がれたものと思われる。

ただ、和歌山ラーメンの対象は連隊の兵卒だけではなかったと思われる。戦前の日本は非常に家父長制の強固な社会であった。家族の一員が入営すれば、その家族は必ずといっていいほど、機会を見ては父か母、またはその両方が時には兄弟姉妹を連れて面会に訪れた。すなわち、平時千人、戦時三千五百人の兵卒の数倍に当たる家族が、連隊本部の兵舎を面会のために三々五々訪れたのである。それらの家族は、ＪＲ和歌山駅を経由して、市街電車の兵舎前で下車して連隊本部の兵舎へとたどり着くのである。

家族面会は、外出とは異なり入営と同時に許可されることになっていた。[12]ただし、兵卒はいつも兵営にいて、家族の面会に備えていることはできない。日々の訓練が課せられていたのである。しかもそれらの訓練は、軍機に属するために家族に予定が知らされることはなかった。面会を求めて連隊本部兵舎を訪れても、何時会えるかわからないことが多かったのである。

来たからには面会をして帰ろうと思えば、時間をつぶして待つ以外に術はなかったのである。待っている間に空腹を感じれば、連隊兵卒が好んで食べる和歌山ラーメンを注文したであろう。何よりも、その面会者が父親であれば、自分が入営していたころに食べた懐かしい味なのである。連れ添った家族にも勧めたことであろう。

食べ始めてすぐに面会許可が出ることもあるだろう。それゆえに、和歌山ラーメンの発祥が屋台であったからだけではなく、できるだけ早く食べきれるように、ラーメン鉢が小ぶりなのではないかと思われる。また、食べ終わったからといって、すぐに面会できるものでもないだろう。その後も待ち続けてやがて手持ち無沙汰になれば、さらに何かを食べることになるだろう。その要求に応えるものが、和歌山ラーメンのサイドメニューであったと思われる。

面会を待つために、長々と席を陣取る面会客にしてみれば、店主への申し訳のためにサイドメニューに手を出したであろう。そして、店主にしてみれば、サイドメニューに手を出してくれれば儲けになるのである。しかも、面会客は何時自分が席を立てるものかを、自分自身でさえもわからないのである。店主にしてみても、面会客のそのような事情は充分承知しているのである。そのため、事後の自己申告が最も合理的な清算方法として定着したものと思われる。

面会客たちは、大正十三年に紀勢線が開通してからは、ＪＲ和歌山駅を経由した。市街電車と紀勢線の乗り換えに際しても、その客たちの中には和歌山ラーメンを欲するものがいたと思われる。このようなニーズに応えるために、紀勢線開通後の昭和初年頃から、面会客の乗降するＪＲ和歌山駅付近に、和歌山ラーメンの店舗が見られるようになったものと思われる。すなわち、和歌山ラーメンの源流は、中国東北部から帰還し、和歌山の郷土部隊となった歩兵第六十一連隊にあるのではないかと思われる。

おわりに

以上、小稿は和歌山ラーメンの源流について憶測を重ねてきた。まず、和歌山ラーメンの特徴は、本来醤油味スープであったことを指摘した。麺は軟らかめの茹で麺で、具材は和歌山特有の千代巻という練り物を含む極めてシンプルなものである。さらに、必ずサイドメニューがあり、ラーメン鉢は小ぶりであることを指摘した。

和歌山ラーメンは、これまでの関係者の証言から、車庫前近辺に大正期以前に発祥したであろうと推定した。また、車庫前近辺には、かつて郷土部隊である陸軍歩兵第六十一連隊の所在したことを指摘した。さらに、その編成・日露戦争における任務・帰還後の和歌山への駐屯の経緯などを明らかにした。そして、和歌山に和歌山ラーメンを持ち込んだ要因を同連隊の駐屯であると推定した。したがって、その発祥時期は、同連隊が和歌山に駐屯を完了した。明治四十二年直後のことと考えることが出来るだろう。

このように考えると、昭和十二年創業の久留米の南京千両や、昭和十三年創業の京都の新福菜館よりも、和歌山ラーメンの発祥は約三十年早いことになる。また、これまで、車庫前近辺から、和歌山ラーメンの店舗が各地に分散するのは、市街電車が廃止された昭和四十六年以後であろうとされてきた（別冊アガサス、一九九九）。しかし、小稿の結論が的を射たものであるとするならば、敗戦直後に歩兵第六十一連隊が解隊されたこと[13]が、大きな要因だろうと思われる。すなわち、昭和二十年代のことであったと考えられるのである。

もちろん、小稿は極めて少ない情報をもとに、屋上屋を重ねるがごとき推論を続けた結果であり、筆者自身も小論の結論に磐石の自信を持ってはいない。ただ、小稿を発表することによって、ご批判・ご叱正を賜り、和歌山が誇る和歌山ラーメンの実像が、少しでも明らかになることを切望して擱筆致したい。

注

（1）柴垣和夫『昭和の歴史』九巻（小学館、一九八三）によると、この頃から「外食券なしで米飯を提供する飲食店がふえた」とする。
（2）東廓と番廓の関係については、『写真にみるあのころの和歌山―本町編』（和歌山市立博物館、二〇〇九）に、番廓の写真と共に簡単な解説がある。
（3）JR和歌山駅と南海和歌山市駅の利用者数の推移については、『和歌山市史』第三巻（和歌山市、一九九〇）第六章第一節に詳しい（高嶋雅明担当）。
（4）南海本線は、難波と紀ノ川北岸の紀ノ川北口駅を明治三十一年に開通させて後、和歌山市駅が開業するのは、明治三十六年のことである。これらの経緯については、『和歌山市史』第三巻第二章第二節に詳しい（高嶋雅明担当）。
（5）阪和電鉄は、現在のJR阪和線のことで、その開業の経緯は、『和歌山市史』第三巻第三章第二節に詳しい（高嶋雅明担当）。
（6）軍機保護法の厳密な運用によって、市街電車の停留所名の変更されたことや、発行される地図上から、軍事施設の秘匿が図られるようになった経緯については、『和歌山市史』第十巻（和歌山市、一九九二）の付図3の解説に詳しい（三尾功担当）。
（7）一般的な連隊の兵員数については、伊藤桂一『兵隊たちの陸軍史』（新潮文庫、二〇〇八）による。
（8）陸軍歩兵第六十一連隊の編成、日露戦争中の動向および日露戦後の国内帰還等については、『和歌山歩兵第六十一連隊写真集』（和歌山歩兵六十一連隊写真集編纂委員会、一九八〇）による。

(9) 寺西貞弘『大林組大阪機械工場林友会の歩み』（大林組大阪機械工場林友会年史編纂委員会、二〇〇八）
(10) 和歌山における陸軍歩兵第六十一連隊誘致の動きは、『和歌山市史』第三巻第二章第一節（小田康徳担当）に詳しい。
(11) 戦地における駐屯生活の実情については、伊藤前掲書（注7）による。
(12) 連隊兵卒の外出および面会の情景については、伊藤前掲書（注7）による。
(13) 陸軍省官制の廃止は、昭和二十年十一月であるが、歩兵第六十一連隊は、昭和二十一年六月二十一日に、バンコクから浦賀に復員して事実上の解隊となった（前掲注8）。なお、第二次大戦中同連隊が外征中には、留守部隊の歩兵百六十一連隊が組織され、この周辺がその兵卒と面会家族によってにぎわっていたことには変わりない。また、連隊解隊後の和歌山ラーメンの店舗は、敗戦後にフリーマーケット（いわゆる「闇市」）へと、移動したのではないかとも思われる。

参考文献

別冊アガサス『和歌山の中華そばとラーメン』（アガサス、一九九九）
武内伸『ラーメン王国の歩き方』（光文社文庫、一九九九）
関光博・古川一郎『「ご当地ラーメン」の地域ブランド戦略』（新評論社、二〇〇九）

なお、逐一引用はしなかったが、和歌山大学システム工学部床井浩平助教授の開設しておられる「和歌山ラーメン」のホームページを参考にさせていただいた。

第四節　山本五十六元帥遺家族の和歌山疎開

はじめに

平成二十一年（二〇〇九）四月三日、市民の方から和歌山市立博物館に一通のメールが届いた。内容は、山本五十六元帥の家族が、和歌山市塩屋に敗戦直前に疎開をしていたと聞いたことがあるが、それは本当のことなのか、そのようなことを調べる手立てはないものか、という内容であった。

山本五十六元帥は、誰もが知っている連合艦隊司令長官で、真珠湾奇襲攻撃の立役者である。しかも、山本元帥が越後長岡の出身であることも、大方の人が知っている。また、山本元帥の令夫人は、会津若松で旧会津藩士の家に生まれたことも、山本元帥を調べたことのあるものには、すぐによみがえる記憶である。

その山本元帥の家族が、なぜ和歌山に疎開してきたのだろうか。そんなことが果たしてあったのだろうか。しかもそれを調べる手立てはあるのだろうか。市民からの一通のメールを見ながら、眉間にしわを寄せずにはいられなかった。小稿は、市民からの一通のメールに対応した博物館学芸員の記録である。

一　かすかな記憶

一通のメールを受けて、どのように回答すべきかと悩み果てた。そして、山本元帥に関する本を読み漁った。山本元帥の長男山本義正氏の著書『父山本五十六』(1)、山本元帥と同郷の反町栄一氏の著書『人間山本五十六』(2)、果ては阿川弘之氏の小説『山本五十六』(3)などをひも解いた。

しかし、不思議なことに令夫人との結婚の経緯は、かなり詳しく記述されているが、その子弟のことに関しては、どの本もそれほど詳しくは記されていない。山本元帥の生涯は、あまりにも劇的で、豊富な内容を包含しており、いずれの著書も家族にまで話題を広げる余裕がなかったのかもしれない。ましてや、その家族の疎開のことなど、まったく触れられてもいないのである。「まったくわかりません」と回答するのは簡単である。しかし、学芸員なら何とかなるだろうと、頼られてメールを下さったのである。何とかならないものかと思い悩む日々がしばらく続いた。

諦めかけた時、私の脳裏にかすかな記憶がよみがえった。大阪生まれで、大阪育ちの私は、昭和五十三年（一九七八）四月に、和歌山市史編さん室の嘱託として、和歌山市で働くようになった。結局それが縁で、現在も和歌山市立博物館に勤務している。

その嘱託をしていた時、同じく嘱託をしておられた石垣勝二先生という方がおられた(4)。長らく公立学校の先生をされて、和歌山市の教育次長をされた後、和歌山市史編さん事業の立ち上げをして退職されたということであった。

石垣氏は、その後和歌山市の教育長を、昭和五十四年七月から平成四年九月まで勤められた方である。その石垣氏は、かなりの酒豪でもあった。

酔うと豪放磊落で、持論を滔滔と述べられたものであった。嘱託としての勤務が終わった後、帰る方向が同じだったこともあって、一緒に帰路につくのであるが、その途中で酒豪の石垣氏に連れられて、ご馳走になることも度々あった。その懐かしい思い出の中に、石垣氏が「山本五十六元帥の子どもを教えたことがある」と話されたことが、あったように、かすかに記憶していたのである。

石垣氏は、誠実な方であった。自分を誇示するために、あらぬ嘘を並べ立てるような人では決してなかった。和歌山市教育長を勤められたことから、和歌山市内の学校で教職を長らく勤められておられたはずである。このかすかな記憶から、「山本五十六の家族が、和歌山市塩屋に敗戦直前に疎開をしていた」という話が、急に真実味を帯びて私の脳裏を占拠し始めたのである。

まず、石垣氏の年譜を丹念に追い求めた。幸い石垣勝二先生を偲ぶ会編『石垣勝二先生遺稿集和歌山の教育とともに』[5]があり、その巻末に石垣氏の年譜が収められており、その生涯のあらましを容易に知ることができた。もちろん、山本元帥の家族が疎開をするというのであれば、東京が空襲にさらされる第二次世界大戦末期のことであろうと当たりをつけた。さらに、山本元帥の遺家族が、政府の方針に従って疎開したとするならば、昭和十九年六月三十日に、学童疎開促進要綱が閣議決定され、東京都内の国民学校三年生から六年生の児童に対し、縁故疎開を命じて以後のことであろう。

このような推測の下に調べてみると、石垣氏は、昭和十九年三月三十一日付けで、和歌山県日高郡塩屋国民学校訓導を拝命しておられた。その後昭和二十年九月三十日付で、同校の教頭を拝命し、昭和二十一年三月三十一日まで、同校の教頭を勤めておられた。メールで「和歌山市塩屋に疎開」と、発信者の市民が聞いておられたのは、日高郡塩屋国民学校の記憶違いではないか、と直感するにいたったのである。

すなわち、石垣氏が塩屋国民学校で訓導・教頭をなさっていたとき、山本元帥の四人の子弟のうちの誰かを教えられたのではないかと推測するにいたったのである。これは、あくまでも推測の域を出るものではない。しかし、一応整合性はあるものと思われる。

なお、塩屋国民学校は、昭和十六年の国民学校令の施行によって、それまでの塩屋尋常小学校が、このように改称されたのである。また、戦後昭和二十二年の国民学校令の廃止によって、塩屋小学校となり、現在に至っている。また、塩屋小学校は、当時日高郡塩屋村立小学校であったが、昭和二十九年に塩屋村が御坊町などと町村合併して御坊市となったため、同校は御坊市立小学校として現在にいたっている。(6)

質問に対する回答を、あまり遅らせるわけにもいかないので、以上のようなことを、私の推測として、四月九日にメールで返信することにした。翌日、発信者の市民の方が、わざわざ博物館までこられて、懇切な礼を述べられ、その翌日には山本元帥のふるさとである長岡の寒椿の写真を掲載した絵葉書で丁寧な礼状を下さった。これで、一応博物館としての市民への対応は完結したことになる。

しかし、安堵の胸をなでおろした私の脳裏には、それではすまない疑問が新たに生じたのである。先にも述べたように、山本元帥の故郷は越後長岡であり、ご令室の故郷は会津若松である。そのご子弟が何ゆえ和歌山県の塩屋国民学校に、疎開のために転編入してきたのであろうか。

もちろん、和歌山と山本元帥はそれほど縁がないわけでもなかった。昭和十四年八月連合艦隊司令長官の親補式を終えた山本元帥は、連合艦隊旗艦長門に乗り組むため、東京を出発し、難波経由で南海電車に乗って和歌山市にやってきている。連合艦隊のすべての艦船が和歌浦に集結しており、山本元帥は和歌浦港から小船に乗って、和歌浦湾沖に停泊している旗艦長門に乗り込んでいる。(7)

すなわち、和歌山は山本元帥の連合艦隊司令長官としての、門出の土地だったのである。その後、紀州の名湯白浜温泉にしばらく湯治もしている。しかし、そのような縁だけで、子弟の疎開先が決定されるであろうか。

私のかすかな記憶と、発信者の記憶にある「塩屋」という地名から、一応整合性のある推測を構成してみた。しかし、山本元帥の子弟の疎開先が、何ゆえ和歌山だったのかという疑問が氷解しない限り、それは整合性があるといえども、推測でしかないのである。この私の推測を確認するために行ったそれ以後の調査結果を、以下小稿で述べることにしたい。

二　山本五十六の遺家族

まず、山本元帥の子弟が和歌山に疎開したといわれている。そして、石垣勝二氏がその誰かを塩屋国民学校で指導したと思われる。それでは、石垣氏が指導された山本元帥の子弟とは誰であろうか。そこで、山本元帥の家族について確認しておこう。なお、山本元帥本人の年譜に関しては、前掲の反町栄一氏の著書(8)が最も詳しいことから、以下特に断りのない限り、同書によるものとする。

まず、山本元帥は、明治十七年（一八八四）四月四日、旧長岡藩士高野貞吉の第六子として生まれている。貞吉が五十六歳のときの子どもであることから、元帥の名前が五十六となったことは有名である。大正四年（一九一五）五月十九日に旧長岡藩家老家である山本家の名跡を復興させるため、山本姓を名乗るようになる。昭和十四年八月に連合艦隊司令長官となり、昭和十六年年十二月八日の真珠湾奇襲攻撃を指揮し、赫赫たる戦果を上げたことはあまりにも有名である。そして、昭和十七年四月十八日に、ソロモン方面で前線視察の際に、アメリカ軍機に撃墜されて戦死している。

その戦死は、真珠湾攻撃を指揮した英雄の死であったため、すぐには公表されることなく、厳重に秘匿されていた。大本営が山本元帥の戦死を公表したのは、昭和十八年五月二十一日十五時のことであった。ただし、山本義正氏の『父山本五十六』によると、義正氏は堀悌吉海軍退役中将から、山本元帥の戦死をはじめて知らされたときの様子を、「明日正式の発表がある」と記していることから、その戦死が山本家にもたらされたのは、五月二十日のことであったと思われる。ただし、義正氏はこの頃通学の便を考慮して、知人の四竃氏宅に寓居していたということである。そのため、山本家にもたらされた情報を即座に知ることが出来なかった可能性があり、令室はそれよりも早く知りえていた可能性があるだろう。その後、六月五日に国葬がなされている。それに先立ち、元帥を贈られている。また、一般的には以後「軍神」と称えられることになる。(9)

次に、山本元帥の令室は、会津若松の旧会津藩士三橋康守氏の三女として生まれた礼子女史である。反町氏の著書に引用するその履歴によると、会津高等女学校を大正二年に卒業し、大正七年八月三十一日に山本家に嫁したときの年齢は「当年二十三」と記されている。一方、この時点での山本元帥の年齢を三十五歳と記している。山本元帥は、明治十七生まれであるから、反町氏は満年齢ではなく、数え年齢で表記したものと思われる。ゆえに、礼子夫人の「当年二十三」という年齢も数え年齢であろう。したがって、礼子夫人の生年は明治二十九年であると思われる。山本元帥が戦死した年、夫人は四十七歳であったことになる。礼子夫人は昭和二十年五月二十五日に東京青山の自宅を空襲によって焼失している。あるいは、子弟の疎開はこれによるものかもしれない。あるいは、この空襲による被災が、疎開中の留守宅の焼失であったとすると、山本元帥遺家族の和歌山疎開は、まさしく当を得た措置であったことになるだろう。また、戦後の礼子夫人は保険外交員として生計を支え、四人の子どもを育て、昭和四十七年に病没している。

次に、山本元帥の四人の子弟についてみることにしよう。まず、第一子は長男山本義正氏である。その著書『父山本五十六』の著者紹介によると、大正十一年十月七日生まれである。したがって、昭和二十年の敗戦の年には二十三歳であったことになる。その著書『父山本五十六』のあとがきによると、義正氏は山本元帥戦死後、東京大学に籍を置きながら海軍に身を投じたと記しておられる。おそらく学徒出陣であろうが、海軍軍人として敗戦を迎えたと思われる。

次に長女澄子女史は、大正十四年五月十四日の生まれである。したがって、昭和二十年の敗戦の年には二十歳であったことになる。義正氏と澄子女史は、敗戦の年にはすでに、今日的に見れば成人に達しており、疎開の対象からは外れるかも知れないだろう。

次女正子女史は、昭和四年五月十二日の生まれである。したがって、敗戦の年には十六歳であったことになる。

国民学校児童の年齢ではないが、一般的に見て高級将校の子女であり、高等女学校適齢であることから、高等女学校在学中であったと思われる。なお、当時の高等女学校は、昭和十八年の高等女学校規定によって、その修業年限は四年であった。

疎開は、学童高学年を対象としたものであるが、高等女学校在学中の有吉佐和子女史が、空襲を避けるため、和歌山市内に疎開して、県立和歌山高等女学校に通学していた例もあることから(10)、正子女史も高等女学校に通っていたとしたら、疎開していた可能性はあるだろう。ただし、石垣氏の履歴には、高等女学校での教職歴がないことから、正子女史を指導されたことはなかったであろう。なお、正子女史の年齢考証に齟齬がないとするならば、高等女学校を彼女が卒業したのは、昭和二十一年三月のことであったと考えられる。

最後に次男の忠夫氏についてては、反町氏及び義正氏の両著書にその生年月日が明示されていない。ただ、阿川弘之氏の小説『山本五十六』上巻一五六頁に「昭和七年十一月に次男忠夫が生まれた」と記されている。これについて、義正氏の著書第四章「鎌倉の家と青山の家」で、「忠夫が生まれた翌年、父は海軍の第一航空戦隊司令官に任命されている」という記述がある。山本元帥の年譜によれば、第一航空戦隊司令官に補せられたのは、昭和八年十月三日のことである。このことから阿川氏の小説の記述は整合性があるものと判断することができる。

すると、忠夫氏は敗戦の年に十三歳であったことになる。当時の国民学校は、満六歳を経た次の四月に第一学年に入学し、初等科の修業年限は六年であった。それゆえに、忠夫氏は、昭和十九年に国民学校六年生で、昭和二十年三月に国民学校を卒業したはずである。昭和十九年三月に塩屋国民学校に訓導として赴任された石垣氏が、指導された山本元帥の子弟とは、山本元帥次男の忠夫氏であったと思われるのである。

三　御坊市での調査

私は、机の上での諸資料による推測をくみ上げた後、自ら構築したこの推測の裏づけを行いたいと思った。何よりも、山本元帥の次男忠夫氏が在籍したと推測される御坊市立塩屋小学校に、本当に忠夫氏が在籍していたか否かを確認しなくてはならないと考えた。

そこで、和歌山地方史研究会の先輩である和歌山県立陵雲高等学校教諭の小山誉城氏に伝手を求めた。小山氏は、『徳川御三家付家老の研究』(11)という大著をものされた近世史研究の専門家である。しかし、小山氏が御坊市の出身であり、そのご父君小山豊氏は御坊市の文化財行政に多大な貢献をされた方で、筆者もたびたび御坊市周辺での調査に際して、便宜をお計らいいただいたことがあった。残念ながら、ご父君はすでに泉下に赴かれているが、そのご子息の小山氏であれば、今なお御坊市地域に強力な情報網を有しておられるのではないかと思ったからである。

電話でお願いしたところ、御坊市地域での調査に際して、格段の便宜を計らっていただけるとの快諾を得ることができた。まず、御坊市立塩屋小学校での学校沿革史及び卒業生名簿の調査に、協力いただける旨の手はずを整えていただくことが出来た。また、次女の正子女史が、次男忠夫氏の学童疎開に同道していたとするならば、その籍を置くべき日高郡内の高等女学校は、和歌山県立日高高等学校の前身である日高高等女学校であろうと思われた。そのため、日高高等学校での調査の手はずも整えていただくことが出来た。さらに、小山氏の縁者である円満寺住職岡本真雅紀女史を通じて、塩屋国民学校の昭和二十年三月卒業生で、今なお健在な山田栄一氏（御坊市塩屋町北塩屋在住）、及び昭和二十一年三月に日高高等女学校三十二期卒業の野村あけ子女史からの聞き取り調査の手はずをも手配していただくことが出来た。

まず、日高高等女学校の後身である和歌山県立日高高等学校において、勝丸健司校長のご配慮で、『卒業生名簿』を閲覧させていただいた。その結果、名簿から山本正子女史の氏名を検索することが出来なかった。このことから、正子女史が日高高等女学校を卒業していないことが判明した。しかし、和歌山県立日高中学校第二十一期・二十二期同窓会編『戦争世代八十歳の回想』(12)を閲覧させていただくことが出来た。その（3）日高高女の動員の項に、三十二期生野尻幸枝女史の回想文が収められている。昭和十九年十一月に石川島航空日高工場に動員され、さらに昭和二十年三月に同社横浜工場に動員された状況が、次のように記されている。

山本五十六元帥の娘の正子さんは、日高工場では塩屋から自転車で通っていて工場では一緒にミーリングを使い、ペチカに当たりながらお喋りをしたりしていました。横浜でも同じ寮で生活して分け隔てなく付き合っていました。

これによって、正子女史が日高高等女学校に一時在籍していたことは間違いないものと思われる。おそらく、敗戦後に日高高女の卒業式を待つことなく東京へ転籍したものと考えてよいだろう。また、石川島航空日高工場に、正子女史が塩屋から自転車で通っていたということから、山本元帥の遺家族が確かに和歌山県塩屋に疎開していたことが確実となった。高等女学校学齢の正子女史が疎開していたとするならば、国民学校学齢の忠夫氏はなおさら塩屋国民学校に学童疎開していたはずである。

御坊市立塩屋小学校では、坂口利明校長のご配慮で、『学校沿革史』『昭和十六年以降修了証書授与原簿』及び『学齢児童取調簿』の調査をお願いした。そのうち、『学齢児童取調簿』については、忠夫氏本人以外の個人情報があることから、直接閲覧することは出来なかったが、忠夫氏に関する必要な記述だけ坂口校長から、詳細にご教示をいただいた。

その結果、『昭和十六年以降修了証書授与原簿』によると、忠夫氏は昭和七年十一月十五日生まれで、昭和二十年三月二十日に修了証書を授与されていることがわかった。その証書番号は「一三九七号」と記されていた。また備考蘭に「東京学習院中等科」と記されていたが、これは塩屋国民学校卒業後の進路であろうと思われる。なお、『学齢児童取調簿』の内容については、坂口校長からご教示を受けたが、塩屋国民学校へは、昭和十九年二月十一日付で、東京の青南国民学校から、第五学年に転入しているとのことであった。

ついで、北塩屋浄土真宗円満寺住職岡本女史のご配慮で、忠夫氏学友の山田氏と正子女史学友の野村女史と直接面談することが出来た。まず、山田氏によると、山本元帥の遺家族は、礼子夫人・長女澄子女史・次女正子女史・次男忠夫氏の四人が、山本家のお手伝いの女性一人を連れて、御坊市塩屋町南塩屋三八番地の平井忠夫宅に、疎開・寓居していたと教えられた。その平井宅は、塩屋小学校正門南隣に位置している。また、当時の当主平井忠夫は、大阪毎日新聞の記者で、後に編集長を勤められたとのことである。そのため、塩屋には平井の留守家族が閑居しておられたとのことである。したがって、山本元帥の遺家族が疎開・寓居することも可能であったのではないかとご教示を受けた。なお、山田氏は、近年まで忠夫氏と手紙のやり取りがあったということである。その一部を拝見させていただいたが、「今でも塩屋がふるさと」である旨の述懐を書面にしたためておられるものであった。すでに忠夫氏は黄泉路に赴かれたそうであるが、国民学校時代の疎開先である和歌山県日高郡塩屋は、忠夫氏にとって、特別な意識で深く記憶に残っていたものであると思われる。

次に、正子女史の学友であられた野村女史からは、平井忠夫宅を疎開先として山本元帥遺家族に世話したのは、当時塩屋村の名士であった塩崎与吉であったという噂のあったことを教示された。さらに、元帥の子女ではあったが、高ぶったところはなく、地元の同級生とは非常に打ち解けた関係であったとのことである。野村女史自身、疎開・寓居宅には何度か遊びに行ったことがあったが、珍しいお菓子などが振舞われたことを記憶しておられた。また、試験勉強に疲れたときは、同級生と塩屋の浜辺に寝転がったことが思い出されるとのことであった。なお、平成十一年ごろ横浜市内で日高高等女学校の同窓会が催された時、正子女史は元気に参加されたとのことである。

野村女史の証言で、和歌山への疎開の世話をしたのが、塩崎与吉という人物であるという噂を聞くことが出来た。これに関して、前掲『戦争世代八十歳の回想』の中に、土屋博氏の回想として、次のような逸話が紹介されている。

山本元帥の遺族が塩屋に疎開してきたのは、塩崎与吉氏の世話だという。塩崎さんは「塩屋の神さん」といわれた名士で、村の産業を興したりして政界にも縁があった人だ。山本さんが滞在した塩屋の家は平井さんの持家で、そこには「元帥刀」や「功一級金鵄勲章」「ドイツ鉄十字章」などが飾られていた。

すなわち、野村女史の証言である塩崎与吉の逸話は、同年代の人々にはかなり流布していたもので、かなり確度の高いものであったと思われる。そして、山本元帥遺家族が、和歌山に縁故疎開することになった、縁故の要に塩崎与吉が存在していたものと思われる。小稿が問題としている山本五十六元帥と和歌山の関係は、まさしく塩崎与吉の存在そのものであろうと思われる。

四　特別な配慮

塩崎与吉を介しての山本家と和歌山の関係を論じる前に、もうしばらく山本元帥遺家族の、和歌山疎開の状況を記録しておきたい。真珠湾攻撃の英雄・元帥の遺家族を、和歌山の人々がどのような気持ちで迎えたのかという問題が、私の気がかりの一つである。

山本忠夫氏の東京青南国民学校から、塩屋国民学校への転入は、昭和十九年二月十一日であった。これは、紀元節である。戦前の紀元節は、国旗掲揚・宮城遥拝など、国民学校では盛大な儀式が、全校児童出席の下に挙行されることが多かった。この日、元帥の次男が転入したのであれば、その式典で紹介されたのではないかと思い、山田氏に確認したが、そのようなことは一切なかったということである。これは、忠夫氏が元帥の子息であるということを、学校側が秘匿していたからではないようである。山田氏は、四月の新学年になって、六年桜組担任石垣勝二氏から、クラスで忠夫氏の転入を告げられ、忠夫氏が元帥の子息であることを、公式に紹介されたということである。

したがって、紀元節をトして、形式上忠夫氏が転入したことにして、学校側では、元帥子息の受入準備に奔走したのではないだろうかと思われる。それでは、どのような受入準備がなされたのであろうか。

塩屋小学校に保管されている『学校沿革史』によると、昭和十九年度を迎える前日の三月三十一日に教員異動の発令がなされている。それによると、次のように記されている。

昭和十九年　教員移動　三月三十一日附ヲ以テ、左記発令アリ
転出　教頭　塩崎一男　　和田校教頭ニ

訓導　大前新六　御坊校訓導ニ
助教　宇和啓子　依願退職
転入　教頭　蓮池　進　和師附属校ヨリ
訓導　石垣勝二　御坊校ヨリ

これによると、教頭・訓導がこの発令で総入れ替えされていることがわかる。しかも、新教頭は、当時県下随一の名門校とされる県立和歌山師範学校附属校から、特に招かれているのである。そして、新たに着任した石垣勝二訓導が、忠夫氏の在籍する男学級の桜組の担任になっているのである。このことから、この人事発令は、山本元帥子弟を受け入れるため、和歌山県が総力をあげて行った準備の成果であったと考えられる。

次女の正子女史についても、同様のことが見て取れる。先述の通り、正子女史は日高高等女学校に転入しており、石川島航空日高工場に勤労動員され、後に同社横浜工場にやはり勤労動員されている。前掲の『戦争世代八十歳の回想』に、横浜工場勤労動員中のこととして、野尻幸枝女史の回想が次のように掲載されている。

ある日、お母さんが寮に来られた時、二階から下りて来た正子さんが、「あら、お母さま」と言い、その言葉やお母さんの服装などに自分らと違う社会の人を感じました。正子さんはその日にお母さんに連れられて寮を出て、以後、動員には戻ることはありませんでした。

これによると、正子女史は特例の動員免除を受けたことになる。これもまた、正子女史が、山本元帥の子女なるが故の特例扱いであったと思われる。さらに、山本元帥遺家族を受け入れた平井家においても、特別な配慮がなされていた。平井忠夫の継嗣に嫁いでこられた平井ゆり子女史が健在で、そのお話を聞くことが出来た。ゆり子女史は、直接山本元帥遺家族と関わったことはないが、義母清子及び義祖母チカが健在であった頃から、その思い出話を聞いていたということである。

山本元帥遺家族を受け入れた当時の平井家は、当主の忠夫が大阪毎日新聞の記者として勤務していたことから、塩屋には不在であった。そのため、平井家には、忠夫の母チカと妻清子が二人で住んでいた。山本元帥遺家族は、その平井家の母屋に入居し、チカと清子は屋敷内の離れ屋敷に起居したということである。平井家にとっても、山本元帥遺家族は、特別の配慮をするべき対象であったのである。

さらに、塩屋村は漁師町であるため、新鮮な魚が手に入る。村人は、山本元帥遺家族のために、庶民にとっては高級魚であった鯛などを、頻繁に差し入れたということである。その量が多いときには、平井家のチカや清子もお相伴に預かったとの思い出話を、ゆり子女史は聞いておられる。やはり塩屋村の人々もまた、山本元帥遺家族に特別な配慮を行っていたのである。

正子女史に対しても、忠夫氏に対しても、疎開中に特別な配慮がなされていたことは間違いないであろう。そして、その起因するところは、軍神山本元帥の子弟であるからであろうことは想像に難くないであろう。

最後に、ゆり子女史からご教示を受けた平井忠夫の略歴を記しておきたい。平井は、明治四十年に生まれ、平井家の遠縁から養子に入ったということである。昭和七年に京都帝国大学文学部英文科を卒業後、大阪毎日新聞に入社し、記者として活躍し、毎日新聞大阪本社論説委員を勤めて退職された。その当時は、勤務の関係で、塩屋村には留守家族を残し、兵庫県西宮市に寓居していたということである。なお、著書として、『南近畿の旅』をものしておられる。[13]

五　塩崎与吉のこと

日高郡内の国民学校では、集団疎開を受け入れていなかったという。[14]したがって、山本元帥遺家族の和歌山疎開は、縁故疎開であったと思われる。そして、その縁故疎開の要に塩崎与吉という人物が存在したことを述べた。それでは、この塩崎という人物は、如何なる人物であろうか。塩屋出身で、「塩屋の神さん」とまで称えられたといわれているが、諸書を調べても、その実像を語る資料があまりにも少ないことに驚かされた。そこで、御坊市の昔をご存知の方々からお話を窺った。

南塩屋円満寺でお話をうかがった野村女史によると、「詳しいことはわからないが、海軍省に出入りする実業家で、軍の不要品の払い下げを受けて商売をなさっていたように聞いている」とのことであった。また、『戦争世代八十歳の回想』を編集された内山典氏に、うかがったところでは、不要船舶の払い下げを受けて、日高郡沖の海に沈め、漁礁を造ったということを伝聞されている。さらに、御坊市教育委員会に問い合わせたところ、海軍省出入りの実業家で、塩崎汽船という海運会社の社長をしておられたとのご教示を受けた。さらに、兵庫県芦屋市に本宅を構え、塩屋村の居宅を別荘として使っておられたとのことである。

「塩屋の神さん」と称えられながらも、私が御坊市周辺で調査した結果、塩崎与吉に関して得られた成果は、以上がすべてである。これらをもとに、塩崎与吉の人間像の復元を試みることにしたい。

まず、塩崎は塩崎汽船の経営者であった。この塩崎汽船は、大阪朝日新聞大正十三年五月十七日付の「運賃同盟愈々成立　加盟会社四十七社」という見出しのもとに、加盟各社の名前が列記されているが、その中に「塩崎汽船」の名前を見ることができる。このことから大正時代から、塩崎氏は海運業を営んでいたことがわかる。

さらに、大正三年にインド人のカナダ移民を、イギリス兵が虐殺した駒形丸事件が発生している。この事件は、インド人移民を移送した日本籍船舶の船名に由来しているが、その駒形丸の船主は、塩崎与吉であることが知られている。[15]このことから、塩崎の営んだ海運業は、海外顧客を視野に入れて、手広く営業していたことがわかる。

また、国立国会図書館所蔵の「斎藤実関係文書目録書幹の部」1によると、塩崎与吉書幹が所蔵されていることがわかる。斎藤実は、海軍軍人で、海軍大臣・総理大臣を勤めた海軍の重鎮である。このことから、御坊市でうかがったとおり、海軍省出入りの実業家であったというのは、まさしくそのとおりではないかと思われる。

次に、「塩屋の神さん」と塩崎を評された土屋博氏にうかがったところでは、前述の駒形丸事件を扱った本があり、そこに塩崎のことが触れられているということであった。[16]その本は、吉田禎男『駒形丸事件』で、随所に駒形丸の船主である塩崎のことが触れられていた。その記述を基に、その前半生を概観しておこう。

塩崎与吉は、明治十四年十一月十四日に、和歌山県日高郡塩屋村に、父伝次郎、母フサの四人兄弟の末っ子として生まれた。明治十七年に父は海難事故で死亡し、以後母の手で育てられた。明治三十一年、十八歳のときに北海道航路に就航する北門丸という貨物船の機関部員として働くようになり、明治四十年に独学で一等機関士の免許を取得している。

明治末年から大正初年頃、大阪で鉄鋼業を営む角谷元三郎と共同出資で、新栄汽船合資会社を起業して、大正二年七月ドイツハンブルグ汽船会社から、総トン数四三〇〇トンのシシリア号を購入している。これがおそらく、塩崎が船主として所有した最初の持ち船であろう。このシシリア号が駒形丸と命名され、前述の駒形丸事件の舞台を提供することになるのである。なお、駒形丸の船名は、海軍の斎藤実がその郷里山形の駒方神社にちなんで命名したという。このことから、塩崎と斎藤実ないしは海軍との関係は、遅くとも明治末年には成立していたものと思われる。

さらに、本書に序文を寄せる海軍中将有馬寛は、その中で塩崎の「自分は決して斎藤閣下の方に足を向けて寝ない」という言辞を引用している。このことから、塩崎と斎藤を介しての海軍との関係は、かなり強固なものであったと推測される。一方、本書は著者「はしがき」によると、昭和十一年七月末日に成稿しているが、その本文末に、塩崎の近況として、「塩崎汽船部が日一日と発展してゆく」と記されていることから、前述の大阪朝日新聞大正十三年五月十七日付記事に見える塩崎汽船は、やはり塩崎経営の海運会社とみることができる。すなわち、大正末年には、角谷と共同経営の新栄汽船から、塩崎単独の塩崎汽船を起業するに至ったのであろう。

以上の情報を基に、塩崎与吉と山本元帥遺家族がどのように接触したかを、整合的に推理してみることにしたい。塩崎は海運業を営む船主である。しかも、海軍省から不要品の払い下げを受けていたということである。このことから、海軍省から不要船舶の払い下げを受けていたのではないかと思われる。しかも、日高沖の海に船舶を沈めて漁礁を造ったという話は、海軍払い下げの不要船舶のうち、再生不能な船舶を、ふるさと日高の海に漁礁として沈めていたのではないだろうか。

もちろん、海軍省が海軍保有の船舶を払い下げる場合は、その船舶が海軍の艦船として、再生不能と判断された場合に限られたであろう。そして、その判断は海軍省御用達の造船業者の意見が重視されていたであろう。このように考えると、日本海軍の駆逐艦建造に実績を持ち、海軍省から最も近くに位置している浦賀ドック(17)の影響力が強かったのではないだろうか。そして、その浦賀ドックの社長こそが、海軍退役中将堀悌吉であった。

堀悌吉は、山本五十六元帥と海軍兵学校同期で、海軍中将で退役している。当時国際軍縮問題では、国内で英米並みの艦隊保有を主張する艦隊派と、英米の六割保有を是認する条約派が、激しく争っていた。山本元帥と堀悌吉は、日本の国力に応じた六割保有を適正とする条約派であった。堀が退役を迫られたのも、艦隊派の圧力によるものと考えられている。

山本元帥は、堀の退役の報に接して、海軍がその人材を失うことを惜しんだといわれている。このように、山本元帥と堀は、生涯の親友であった。先にも述べたが、山本元帥の訃報を、山本家に報じたのも堀悌吉であり、長男義正氏の著書『父山本五十六』を読めば、随所に堀の名前を見ることができる。あたかも、堀は山本元帥戦死後の山本家の後見人であったと思われるのである。

以上のことから、決して推測の域を出るものではないが、海軍省出入りの海運業者塩崎与吉は、浦賀ドック社長の堀悌吉を通じて、山本元帥遺家族の疎開先選定に関与することになったのではないだろうか。本来、堀と塩崎はそれほど親しい関係ではなかったかもしれない。また、東京の空襲に山本元帥遺家族の危険を感じた堀が、その疎開先を物色する際、最初から和歌山県塩屋村が念頭にあったのではないかもしれない。

山本元帥の遺家族疎開先として、元帥の遺家族にとって、海軍の施設に程近いところであれば、堀自身の目が届かなくとも、有形・無形で海軍の庇護を受けることができると考えたであろう。しかし、横須賀・呉・佐世保のように、鎮守府が置かれている軍都であれば、東京以上に空襲の危険性が危ぶまれたであろう。そこで、海軍のそれなりの施設が存在し、空襲の恐れが希薄な地域を中心に、堀の山本家疎開地選定が行われたものと思われる。

六　疎開先和歌山県塩屋村の適性

結局、山本元帥遺家族の疎開先は、最終的に和歌山県塩屋村に決定した。それでは、何故に山本元帥の故郷越後長岡ではなく、そして、令室礼子夫人の故郷会津若松でもなかったのであろうか。このことについて、忠夫氏の塩屋国民学校転入時期が、示唆を与えてくれるだろう。忠夫氏の転入期日の昭和十九年二月十一日は、紀元節を卜して仮に定められたものであろう。しかし、少なくとも忠夫氏は、同年四月当初には塩屋国民学校に通学していたのである。

先述のとおり、政府が学童疎開促進要綱を閣議決定するのは、昭和十九年六月三十日のことである。これに基づいて積極的に縁故疎開ないしは集団疎開が実施されるのは、同年夏ごろからのことである。山本元帥遺家族の和歌山への縁故疎開は、それよりも約半年も早いことになるのである。閣議決定されてからでさえも、疎開に対しては肯定的な意見ばかりではなかった。小林信彦の疎開児童を扱ったノンフィクション小説『東京少年』[18]でも、昭和十九年の夏に疎開することとなった主人公に、次のように述べさせている。

〈ソカイ〉というものは、ぼくからかなり遠い所にあるはずだった。

だいいち、東京を離れる者は、〈祖国の危機から逃げる〉という意味で、卑怯者とか、国賊、といわれていたはずである。

閣議決定がなされた後でさえも、このような状況であるとするならば、それより半年も前に山本元帥の遺家族が、縁故疎開をするとなればなおさらのことであろう。しかも、国防の最高責任者であった山本元帥の遺家族が、東京の空襲を恐れて、東京から疎開するとなれば、旧知の多い越後長岡や会津若松は、まず最初に疎開先候補地からは除かれたはずである。

次に、候補地から除かれたのは、東京以上に空襲の可能性が高い横須賀・呉・佐世保などの海軍の鎮守府が配置されている軍都であろう。しかし、遺家族が東京を離れても、海軍の庇護の下にある地域が望ましかったであろう。

そのため、軍都とはいえないまでも、海軍施設が身近にある空襲の恐れの希薄な土地が、疎開先候補地として選ばれたものと思われる。そして、その結果として、和歌山県塩屋村が疎開先に選定されたのであろう。

当時の塩屋村には、海軍施設は存在しなかった。しかし、塩屋村北方一〇数キロメートルに、同じく日高郡の由良町があり、そこには由良港があった。由良港は紀伊水道に面した古代からの良港であった。昭和十二年から海軍呉鎮守府の管轄として、紀伊防備隊基地の建設がはじめられている。そして、昭和十四年十一月に紀伊防備隊開隊式が挙行されている。その後紀伊防備隊は、昭和十六年十一月二十日新設の大阪警備府に所属し、紀伊水道の海上防備・哨戒・海上交通の保護を任務として、敗戦に至っている。(19) この紀伊防備隊基地を擁する当時の由良町の様子を、『由良町誌』は次のように記している。

開隊後は一、六〇〇名を越える将兵が駐屯し、港内には常時艦艇が停泊し、岸壁から艦艇が発着し、ランチが走り廻り、ラッパの音が響き渡り、活気あふれる小軍都の観を呈していた。

すなわち、海軍の目の届くところであり、呉や佐世保などの空襲を受ける可能性のある軍都ではなく、あくまでも小軍都としての由良町は、山本元帥遺家族の疎開先としては、格好の候補地であったと思われる。もちろん、最初から由良町周辺が候補地であったのではないだろう。海軍の目の届く全国の小軍都が候補地として上がり、その中から、山本元帥遺家族を託するに十分な人材が、その地に存在することが要件として付されたであろう。そして、由良町のほど近くの塩屋村出身で、海軍省出入りの海運業者塩崎与吉に白羽の矢が立ったのではないだろうか。

次に、塩崎与吉と平井忠夫の関係について推測してみよう。平井は、塩屋村出身で帝国大学出の大手新聞社記者という、当時としてはエリートである。一方、塩崎はやはり塩屋村出身で、裸一貫から成功し、「塩屋の神さん」とまで称えられた人物である。しかも、その当時、塩崎は芦屋に、平井は西宮に居住し、互いに指呼の距離にいたのである。当然、面識はあったであろう。また、山本元帥遺家族に提供すべき家屋として、塩崎与吉は塩屋に所有する別荘が所在したはずである。しかし、それを敢えてせずに、平井家を選んだことから、塩崎与吉と平井忠夫の間には、

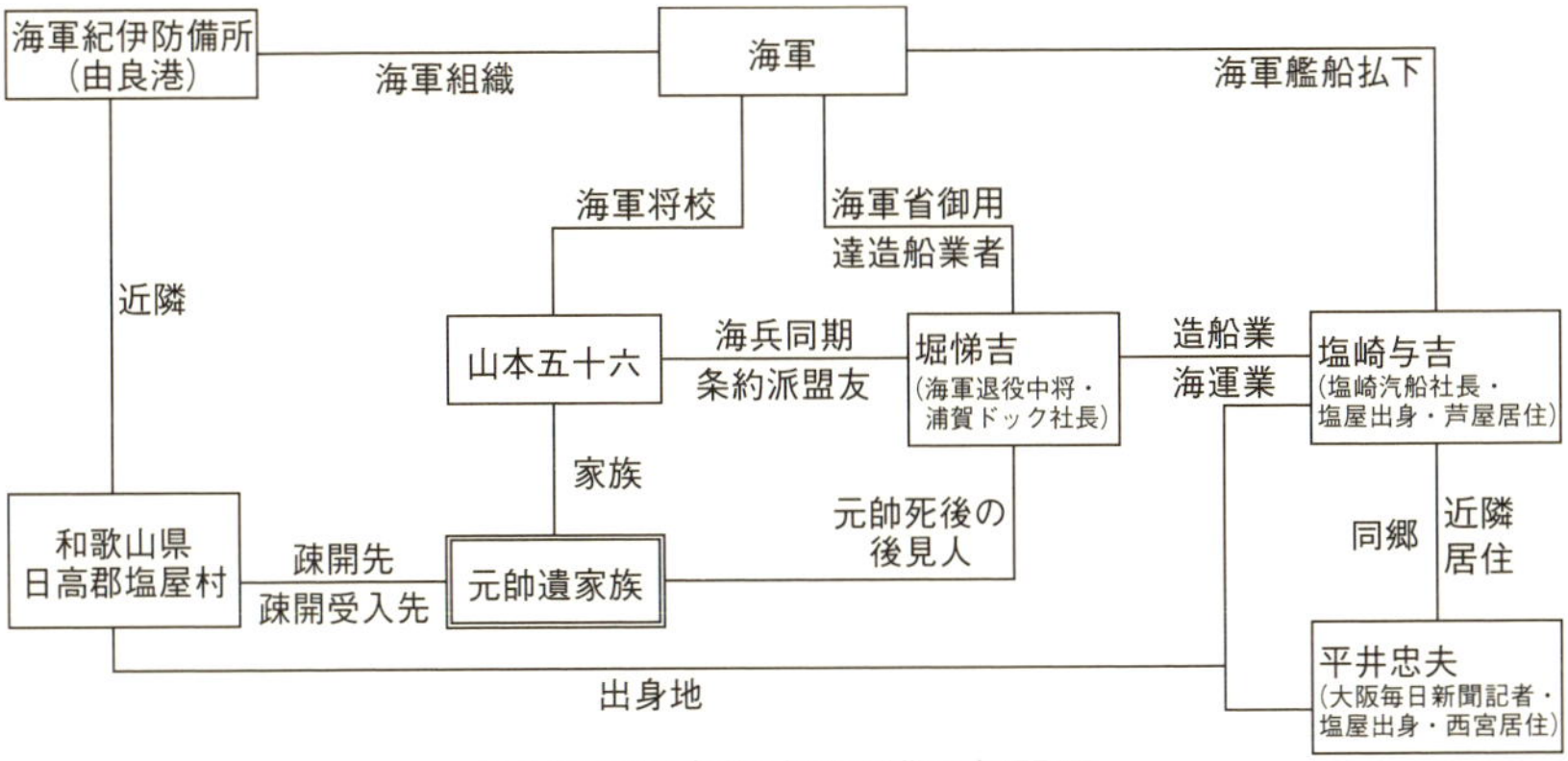

山本元帥遺家族疎開を巡る相関図

かなりの強固な信頼関係が醸成されていたのではないだろうか。また、平井家に塩屋村の人々との関係を取り持つべき、チカと清子という留守家族がいたことも、山本元帥遺家族を託すには、極めて都合がよかったのではなかろうかと思われる。

このような、推定を基に、山本元帥遺家族と和歌山県日高郡塩屋村の関係を示すと、上のような相関図になるだろう。

おわりに

小稿は、市民からの質問メールに対して回答すべく、私のかすかな記憶から推論をくみ上げて、山本五十六元帥遺家族の和歌山疎開を推定し、御坊市で調査した結果、実際に遺家族が疎開していたことを確認した。また、その調査の成果をもとに、疎開中の遺家族の状況をできるだけ詳しく確認した。そして、山本元帥遺家族と和歌山との縁故の要に塩崎与吉という海運業者の存在したことを確認した。

塩崎与吉の人物像を少ない資料から再構築し、山本元帥遺家族と和歌山県日高郡塩屋村の関係について、前掲のような相関図を想定した。もちろん、この想定は、あくまでも私が関係資料をできるだけ整合的に理解しようとした結果、構築した憶測でしかないことは言うまでもない。

小稿を執筆するべく調査した際に感じたことは、山本五十六という卓越した海軍軍人が存在し、その業績は遍く知れ渡っているにもかかわらず、その戦死後のことがほとんど触れられていないことである。山本元帥の訃報は、その後の戦意高揚のために喧伝された。しかし、工藤美代子『海燃ゆ』[20]によると、その頃の礼子夫人の様子を次のように記している。

その頃、礼子が新橋のガードしたでせっけんの叩き売りをしているのを目撃した人がいる。元帥の夫人ともあろうものがと陰口を利かれたが、礼子は気にしなかった。五十六の忘れ形見である子供たちを立派に教育するためなら、どんな仕事も厭わなかった。

戦死した夫が、元帥・軍神と称えられ、戦意高揚のために喧伝される状況を、ガード下で石鹸を商う礼子夫人はどのように感じていたのだろうか。山本元帥の死を英雄の壮絶な死としてのみ見るのではなく、当時の日本国民が等しく味わった戦争の一こまとしてとらえるためにも、山本元帥遺家族の疎開を、できるだけ明らかにしたいと思い、小稿を執筆した次第である。

しかし、あまりにも資料が乏しく、当時を知る人の記憶を頼りに、憶測を書き連ねる結果となってしまった。ただ、今回お話をお聞かせいただいた多くの人々の記憶を、ここに記録することだけでも、十分に小稿の価値はあるものと思っている。できることならば、私の連ねた憶測を、新たな資料で訂正、あるいは補強していただければ、これに過ぎる喜びはないと思っている。

注

（1）　山本義正『父山本五十六』（恒文社、二〇〇一）。
（2）　反町栄一『人間山本五十六』（光和堂、一九七八）。
（3）　阿川弘之『山本五十六』上下（新潮文庫、一九七三）。
（4）　石垣勝二先生は、私にとっては今なお「先生」を付して呼ぶべき存在ではあるが、以下「石垣氏」と表記させていただくことにする。また、本文中敗戦以前に活躍された人物については、歴史上の人物として敢えて敬称を付さなかった。
（5）　石垣勝二先生を偲ぶ会編『石垣勝二先生遺稿集和歌山の教育とともに』（同会、二〇〇五）。

(6) 御坊市立塩屋小学校の沿革については、『御坊市史』第二巻(通史編Ⅱ、御坊市、一九八一)所収の「塩屋小学校沿革史抄」による。
(7) この部分については、阿川著書(前掲注3)による。
(8) 反町著書(前掲注2)による。
(9) 山本五十六が戦死後、軍神として扱われた状況については、山室建徳『軍神』(中公新書、二〇〇七)に詳しい。
(10) 新潮社編『有吉佐和子』(新潮日本文学アルバム七一、一九九五)による。
(11) 小山誉城『徳川御三家付家老の研究』(清文堂、二〇〇六)。
(12) 和歌山県立日高中学校第二十一期・第二十二期同窓会編『戦争世代八十歳の回想』(編集人は山内典、出版年は明記されていないが、その書名から二〇〇八年ないし二〇〇九年頃と推定される)。
(13) 以上、平井忠夫の経歴については、平井ゆり子女史からのご教示と、平井忠夫『南近畿の旅』(社会思想社、現代教養文庫、一九六一)の著者紹介による。
(14) 続日高郡史編集委員会編『続日高郡史』(日高郡町村会、一九七五)には、日高郡内の国民学校が、集団疎開を受け入れなかったことが明記されている。
(15) 中村平治「駒形丸事件」(秦郁彦外編『世界戦争犯罪事典』、文芸春秋社、二〇〇二)による。
(16) 吉田禎男『駒形丸事件』(自刊、一九六〇)、なお、巻頭著者「はしがき」によると、本書の成稿は、昭和十一年七月末日である。
(17) 浦賀ドック(浦賀船渠)は、明治三十年に操業を開始した造船会社で、戦前においては、海軍の駆逐艦・海防艦などを多数建艦した。堀悌吉は、海軍中将退役後、昭和十六年十二月に同社社長に就任し、敗戦直後までその職にあった。
(18) 小林信彦『東京少年』(新潮文庫、二〇〇八)。
(19) 由良町誌編集委員会『由良町誌』通史編上巻(由良町、一九九五)による。なお、平井ゆり子女史によると、当時由良の基地から派遣された海軍兵卒が、平井家門前を立哨していたことを義母から聞いておられる。
(20) 工藤美代子『海燃ゆ』(講談社、二〇〇四)。ここでいう「その頃」とは、前段落の「たとえ国葬された元帥であっても同じことだった。このときから礼子に眼を見張るような変化がおきる」を受けているので、国葬直後の情景であろうと思われる。しかし、敗戦までの統制経済下で、礼子自身が石鹸を新橋駅で商えたかについては、少々疑問を感じる。この情景は、敗戦後のものではないかと思われる。

あとがき

一九八三年四月十一日、私は大阪府岸和田市の安アパートで三十歳の誕生日を迎えていた。そして、一つの諦めを感じつつ覚悟をしなくてはならないと自分に言い聞かせていた。オーバードクターをして、各所に願書を出すが一向に就職が決まらない。一般的な公務員試験の採用年齢制限は三十歳である。そして、自分がその年齢に到達してしまったのである。

その半年前、ある大学教授から見合い写真が送られてきた。婿養子に私を欲しいという有名私立大学教授がいて、写真はその令嬢であるということである。就職もままならない私が、結婚などできるはずがないと、早速電話をかけてお断りをした。しかし、間に立っているその教授は、先方は婿養子に入ってくれさえすれば、職はご父君があてがってくれるというのである。職というものはあるところにはあるものだと感心をしつつも、これでは情けない、まるで身売りだと思い、その見合い写真は見ることもなく送り返した。

そして、その半年後に三十路を迎えたのである。その見合い話を断ったことを若干後悔しつつも、いつかは就職できるだろう、しかしこれは楽観できない、もはや妻を迎えることも、子をなすこともあきらめなくてはならないと覚悟をしたのである。そして、その一年後、和歌山市教育委員会が博物館開設準備のために学芸員を採用するという話を聞いた。しかし、地方の歴史博物館は近世史のエキスパートが欲しいのだろうし、古代史を専攻している私には縁のないものと聞き流していた。そこに指導教授から電話があり、その採用試験を受けるように厳命されてしまったのである。

そんなわけで、気乗りはしないもののその採用試験を受けたのであるが、どういうわけか採用されてしまったのである。これが学芸員としての私の仕事の始まりである。しかし、予想通り古代史を専攻する私に、ふさわしい仕事はまったくなかった。私の目の前を通り過ぎる資料は、紀州藩の殿様の手紙や近世の陶磁器である。市民からの問い合わせの電話を取ると、和歌山ラーメンや山本元帥遺家族の和歌山疎開に関する問い合わせである。だからといって、月給をもらっている以上放っておくわけにもいかないので、調べては回答し、できるだけの調査は行ったつもりである。

一九九五年の大河ドラマは「八代将軍吉宗」であった。ドラマ制作関係者から手伝うように頼まれて、当時の市長から協力するように命じられたため、かなりの苦労をしたことを覚えている。脚本家のジェームス三木さんが、NHK出版から『八代将軍吉宗』という小説を出版するので、その内容を吟味して欲しいと頼まれて、その原稿にかなりの朱を入れたことも懐かしい思い出である。丁度その頃『和歌山地方史研究』という雑誌の編集を担当していたので、その出版社に頼み込んで雑誌の第四表紙に広告掲載をもらうことになった。これぐらいをしてもらってもよいだろうと思ったわけである。

ただ、その号に古代史の私の論文を掲載したのである。もちろん、広告主には見本としてその号を贈呈するわけである。その号を手にした出版社の職員が、私の職場に電話をかけてきて、「寺西先生は古代史なんかもおやりになるんですね」と驚いたように電話の向こうで話しているではないか。そのときほど自分を情けなく思ったことはなかっただろう。しかし、そのことは私が学芸員としての職を決しておろそかにしていなかったことの証明だろうと自分に言い聞かせたものである。

私は、学芸員としての仕事をこなしながら、学位論文『古代天皇制史論』（創元社、一九八八）を出版し、その後も何冊かの古代史関係の本を出版した。しかし、職場に出勤すると古代史は封印し、殿様の手紙や近世陶磁器と葛藤する日々を送った。本書に収めた論文は、そのような職場で紡ぎだしたものである。もちろん、職場でじっとこのような論文を執筆していられるほど悠長な環境ではないので、ほとんどが帰宅後に自分の書斎で執筆したものである。そのような多くの論文から、とくに、江戸時代の紀州の文化に関するものだけを選んで本書に収めることとした。次に初出掲載誌を列記しておきたい。

第二章四節　本居大平書状紀伊国造宛（和歌山市立博物館『研究紀要』四、一九八九）

第三章一節　南紀男山焼窯の盛衰（『史泉』七二、一九九〇）
第三章二節　南紀男山名義考（『和歌山地方史研究』一九、一九九〇）
第一章二節　徳川頼宣書状中根壱岐守宛（和歌山市立博物館『研究紀要』八、一九九四）
第一章一節　徳川光貞と徳川治宝の手紙（和歌山市立博物館『研究紀要』九、一九九〇、原題、二通の紀州藩主の手紙）
第三章四節　清寧軒御庭焼と徳川斉順（和歌山市立博物館『研究紀要』一五、二〇〇一）
第一章四節　江戸行き道中閑話二題（『木の国』二〇、二〇〇二）
第二章一節　本居宣長紀州藩召抱え前史（和歌山市立博物館『研究紀要』一六、二〇〇二）
第一章三節　徳川重倫書状牧野越中守宛（和歌山市立博物館『研究紀要』一八、二〇〇四）
第四章四節　山本五十六元帥遺家族の和歌山疎開（和歌山市立博物館『研究紀要』二四、二〇〇九）
第四章一節　岩瀬広隆筆賑臛之図の歴史的背景（和歌山市立博物館『研究紀要』二五、二〇一〇）
第四章三節　和歌山ラーメンの源流（和歌山市立博物館『研究紀要』二六、二〇一一）
第二章二節　本居宣長と敷島の歌（和歌山市立博物館『研究紀要』二七、二〇一三）
第三章三節　瑞芝焼雑考（『木の国』三四、二〇一三）
第四章二節　陸奥宗光の陸奥たるゆえん（和歌山市立博物館『研究紀要』二七、二〇〇三）

なお、第二章三節の本居大平の和歌山移住に関する論文は、私が担当して二〇〇二に開催した特別展の図録『本居宣長と和歌山の人々』に掲載した論文の一部を、今回大幅に改稿したものである。

三十歳の誕生日にあきらめたはずの妻を娶り子をなすことも、この職場あってこそかなえられたと思っている。おかげで、妻は良妻賢母の見本のような女性であり、二人の息子は自分の目指す目標を持って、日々をすごしている。あの岸和田で三十路を迎えた日の覚悟は、和歌山市立博物館という職場を得て、杞憂であったことが証明されたのである。

本書に収めた論文は、古代史を専攻する学芸員が、職場を大切にしながら、職務として執筆したものである。私は二〇一四年三月をもって長年勤務した和歌山市立博物館を退職する。全国には、私のように専門分野以外のテーマを扱わざるを得ない学芸員はあまたといることであろう。なまじ専門分野を持っているからこそ、専門外の分野に踏み出すことを躊躇しながらも、それをなさざるを得ない不安との葛藤に、私同様に耐え続けていることだろう。そのような学芸員に、私のような学芸員がやはりいたことを知ってもらうためにも敢えて本書をまとめた次第である。

なお、本書に掲載した写真は、同僚学芸員の山下奈津子氏のお手を煩わせた。また、本書の校正には山下氏に加えて、やはり同僚学芸員の小橋勇介氏の協力を得た。また、本書の出版に当っては大学時代の先輩である専修大学教授土生田純之先生のお口添えがあったことを記して感謝の念を捧げたい。最後に、このような雑文を一書にまとめるという無謀な計画に賛同くださった雄山閣宮田哲男氏、編集を担当下さった桑門智亜紀氏にも感謝の念を捧げたい。

二〇一四年三月三十一日

■著者紹介

寺西 貞弘（てらにし　さだひろ）

1953年　大阪府に生まれる
1983年　関西大学大学院博士課程後期課程単位取得
1989年　文学博士
現　在　和歌山市立博物館館長

主な著書
『古代天皇制史論』創元社、1988年
『古代熊野の史的研究』塙書房、2004年
『紀氏の研究—紀伊国造と古代国家の展開』雄山閣、2013年

2014年3月31日　初版発行　《検印省略》

近世紀州文化史雑考《きんせいきしゅうぶんかしざっこう》

著　者　寺西貞弘
発行者　宮田哲男
発行所　株式会社 雄山閣
〒102-0071　東京都千代田区富士見2-6-9
TEL　03-3262-3231 / FAX　03-3262-6938
URL　http://www.yuzankaku.co.jp
e-mail　info@yuzankaku.co.jp
振　替：00130-5-1685
印刷　株式会社ティーケー出版印刷
製本　協栄製本株式会社

ISBN978-4-639-02304-3 C0021
N.D.C.210　191p　21cm